Début d'une série de documents
en couleur

MEMOIRES DES FRERES

HANLON LEES

PREFACE
DE
THEODORE de BANVILLE

DESSINS
DE
Fs REGAMEY

On trouve cet Ouvrage

EN NOMBRE

CHEZ MM. HANLON FRÈRES

ET AUX BUREAUX DE L'IMPRIMERIE DU

PETIT PARISIEN

Rue d'Enghien, 18, à Paris.

Édition de luxe, avec eaux-fortes............. **3 fr.**

Édition ordinaire, fac-similé des eaux-fortes. **2 fr.**

PARIS — 1880

Paris. — Imprimerie de la Publicité, 18, rue d'Enghien

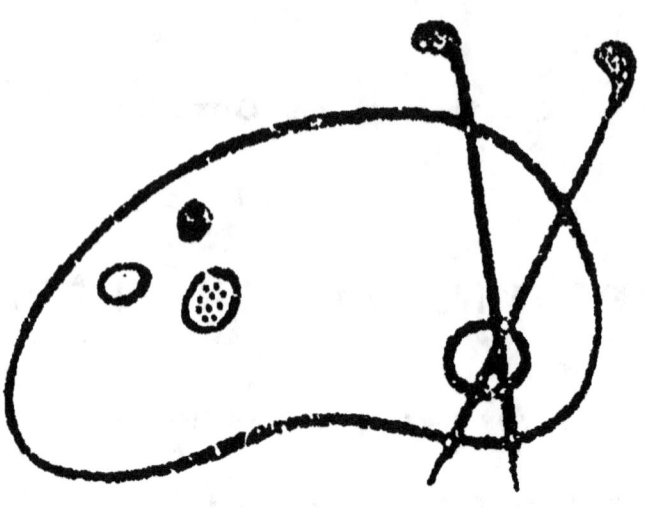

Fin d'une série de documents
en couleur

MÉMOIRES ET PANTOMIMES

DES FRÈRES HANLON LEES

Paris. — IMPRIMERIE DE LA PUBLICITÉ, 13, rue d'Enghien

REVERCHON ET VOLLET

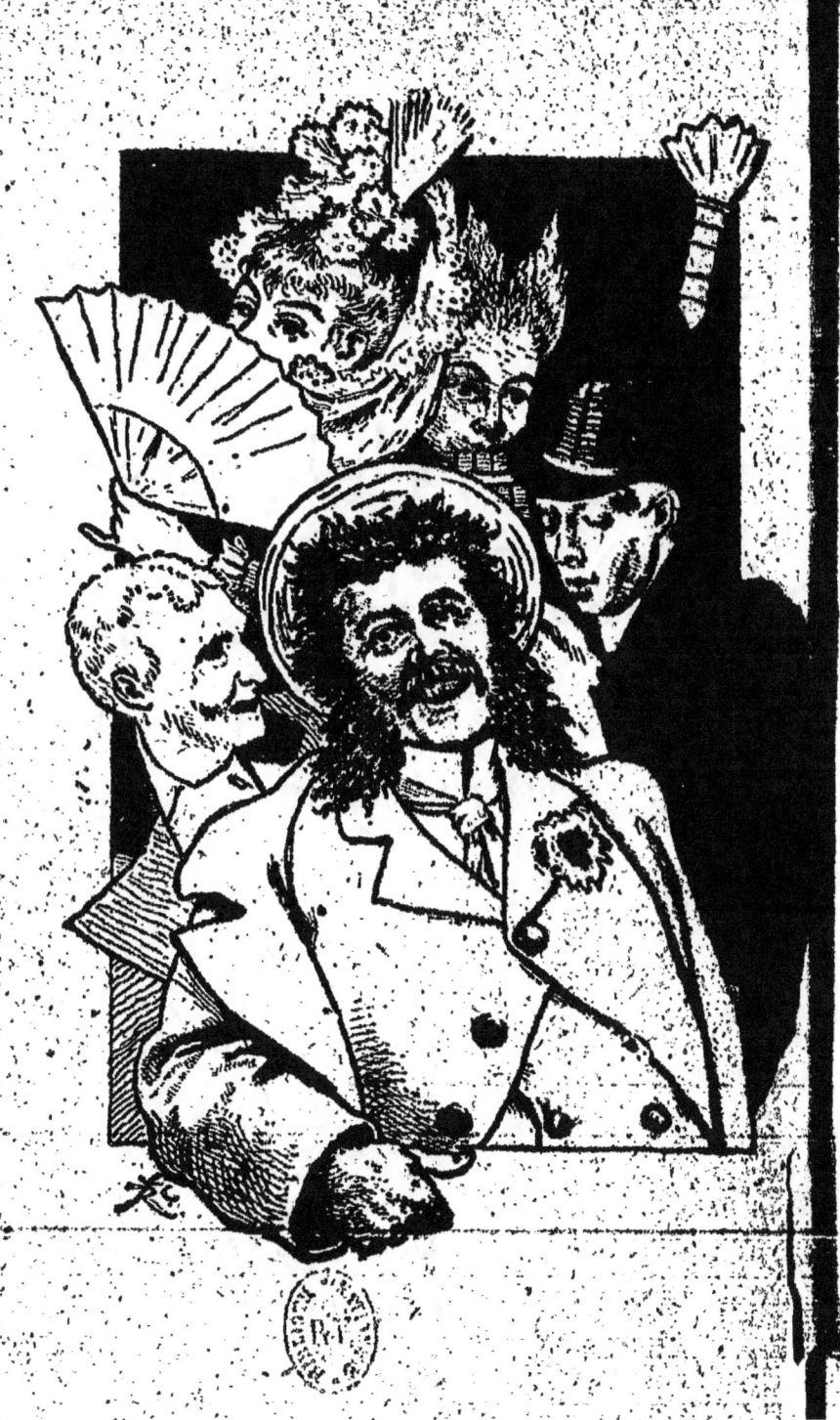

MÉMOIRES

ET

PANTOMIMES

DES

FRÈRES HANLON LEES

AVEC UNE PRÉFACE DE

THÉODORE DE BANVILLE

ET SIX GRAVURES A L'EAU FORTE

DE

FRÉDÉRIC RÉGAMEY

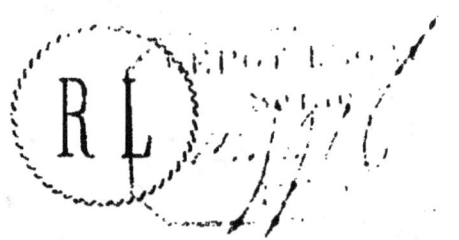

CHEZ TOUS LES LIBRAIRES

A PARIS

PRÉFACE

Ami lecteur, savoure bien le livre que voici, sans en perdre une syllabe, car il te renseignera sur les gens les plus intéressants que ce siècle ait produits; sur ces admirables mimes et gymnastes les Hanlon Lees, qui lorsque tous se courbent vers la terre, disant que ramper est bon, ne consentent pas, eux, à ramper, et s'envolent vers l'azur, vers l'infini, vers les étoiles! Ainsi ils nous consolent et nous rachètent de la vile résignation et de la platitude universelle. Ils ne parlent pas, non justes Dieux! par manque de pensées, mais ils savent qu'en dehors de la vie usuelle, la parole ne doit être employée qu'à exprimer les choses héroïques et divines. Mimes admirables, ai-je dit ; oui, même après Deburau et même dans le pays qui a produit Deburau ; car ils ont comme lui la mobilité du visage, l'idée rapide qui le transfigure, l'éclair du regard et du sourire, la voix muette qui sait tout dire, et de plus que lui, ils ont cette agilité qui leur permet de confondre dans un seul mouvement le désir et l'action, et qui les délivre de l'ignoble pesanteur. Comme celui de Jean Gaspard, leur visage est comédien, mais il pourrait se passer de l'être ; en effet, de même que Deburau donnait par sa grimace l'impression et l'illusion de l'agilité, ils pourraient, eux, donner l'illusion de la pensée par la rapidité et par la justesse rhythmique de leurs mouvements.

Je les aime avec la plus rigoureuse partialité, parce qu'ils sont tout à fait les alliés et les complices du poète, et parce qu'ils poursuivent le même but que le poète lui-même. A l'origine l'être humain était triple ; il contenait en lui trois êtres : un homme, une bête et un dieu. A la sociabilité qui fait l'homme, il joignait l'instinct, la course rapide, la grâce naïve, l'innocence, les sens aigus et parfaits, le bondissement, la joie, la certitude de mouvements de l'animal, et aussi ce qui fait le dieu, la science des vérités surnaturelles et la nostalgie

de l'azur. Mais il n'a pas tardé à tuer en
lui la bête et le dieu, et il est resté l'homme
social que nous connaissons, amoureux de la
boue et de l'argent monnayé, à moitié sourd,
à moitié aveugle, orné de pince-nez, guillotiné
par son faux-col, aimant la mélodie facile,
oh! si facile! et la poésie du dix-septième
siècle, l'Académie, la Revue des Deux-Mondes,
et si inférieur au premier sauvage venu qui,
l'oreille collée contre terre, entend au loin le
pas de son ennemi et presque l'herbe qui
pousse! Il a tué la bête, il a tué le dieu, et il
en porte les cadavres dans sa poitrine; voilà
pourquoi il marche d'un pas lourd et stupide.
En vain la Science, à côté de lui et pour lui,
réalise des miracles, emmagasine la chaleur,
l'électricité, la voix, la vie, et épèle le grand
secret à travers les cieux déchirés; personnel-
lement Prudhomme est incapable de savoir,
en regardant le ciel, s'il fera beau ou s'il
pleuvra, et de trouver dans un champ l'herbe
qui peut guérir sa blessure, comme il est incapable de sauter une haie ou un ruisseau. Sa
grandeur ne l'attache pas seulement au
rivage; elle l'attache partout, comme de la
glu, quand il était né pour suivre le vent qui
passe et la plume tourbillonnante qui s'envole!

Ressusciter dans l'être humain la bête et le dieu, telle est l'œuvre que poursuit le poète, resté instinctif dans un monde bourré de lieux-communs, et dont la pensée plane ailée et libre au-dessus des sottises affairées ; elle est aussi l'œuvre que poursuit le mime et le gymnaste. Mais ce que le poète ne fait que figurativement, à l'aide de ses rhythmes envolés et bondissants, le mime, lui, le fait en réalité, au pied de la lettre ; c'est sa propre chair qu'il a affranchie de la maladresse, de la lourdeur péniblement apprises par l'homme social ; il a retrouvé la course effarée du jeune faon, les bonds gracieux du chat, les sauts effrayants du singe, l'élan fulgurant de la panthère, et en même temps cette fraternité avec l'air, avec l'espace, avec la matière invisible, qui fait l'oiseau et qui fait le dieu. Il n'est un étranger ni parmi les légers esprits qui se jouent autour de nous dans la lumière, ni parmi les biches et les gazelles qui boivent le flot glacé des fontaines. Pour être un étranger, il faudrait qu'il entrât dans une assemblée délibérante ou dans une réunion d'actionnaires. Enfin, il n'est pas inférieur à un sauvage ! Comme ces Australiens que nous admirons tant, il pourrait, à l'aide de deux cailloux aigus, escalader un eucalyptus

énorme, s'appuyant sur le caillou qu'il vient
d'enfoncer et qui ne tient pas, pour prendre
un élan et enfoncer l'autre caillou! Aussi
bien qu'un thug, il peut se confondre avec
la terre et avec la prairie, se déguiser en
arbre, en serpent, en ruisseau, en haie vive;
la Nature, qui le connaît, se laisse imiter,
embrasser, posséder par lui, et lui permet
de s'approprier ses murmures, ses sursauts,
son immobilité et son silence.

Entre *l'adjectif* possible et *l'adjectif* impossible *le mime a fait son choix* ; il a choisi
l'adjectif impossible. C'est dans l'impossible
qu'il habite ; ce qui est impossible, c'est ce
qu'il fait. Il se cache où on ne peut pas se
cacher, il passe à travers des ouvertures plus
petites que son corps, il s'établit sur des sup-
ports trop faibles pour supporter son poids ; il
exécute, sous le regard même qui l'épie, des
mouvements absolument invisibles, il se tient
en équilibre sur un parapluie, il se blottit,
sans être gêné, dans une boîte à violon, et
surtout, et toujours, il s'enfuit, il s'évade, il
s'élance, il s'envole ! Et qui le guide ? Le souvenir d'avoir été oiseau, le regret de ne plus
l'être, la volonté de le redevenir. Aristophane,
dans sa merveilleuse comédie, a rendu la sou-
veraineté aux Oiseaux, qui finissent par la

1.

reprendre, par l'arracher aux Dieux, et c'est
là qu'il a dit le fin mot de tout, car les êtres
ailés finiront toujours par l'emporter, par
avoir raison de tout, par dominer même ceux
qui ne savent pas monter plus haut que les
cimes neigeuses du mont Olympe. Oiseau,
c'est ton élan qui t'emporte en plein éther;
mais là, tu écoutes la marche musicale des
astres, et leurs évolutions sonores t'enseignent
l'harmonie et la précision; voilà pourquoi tu
es à la fois turbulent et ordonné.

L'harmonie et la précision! ce sont les maî-
tresses qualités du poète, ce sont aussi celles
que je ne me lasse pas d'admirer chez ces
impeccables Hanlon Lees. Tout d'abord, d'un
geste net, d'un clin d'œil spirituel, ils indiquent
ce qu'ils vont faire, parce que tout véritable
artiste dédaigne et repousse la surprise,
comme un moyen grossier d'étonnement, et il
faut qu'il étonne le spectateur, après l'avoir
prévenu contre sa propre bienveillance, et
après avoir éveillé en lui l'instinct critique.
Puis, la chose annoncée, ils l'exécutent avec
une perfection irréprochable, et les effets, les
mouvements s'engendrent réciproquement, se
répondent, naissent les uns des autres; tels
les rappels de couleur de Delacroix; tels ces
fraternités, ces retours, ces insistances, ces

répliques de sons et ces frissonnants baisers de rimes qui, dans les vers de Hugo, emplissent l'âme d'une joie délicieuse. Mais puisque les Hanlon aiment la grâce, les belles attitudes, l'eurythmie des poses, comment sont-ils furieux comme des taureaux piqués de mille banderolles, fous comme des chevreaux qui broutent les fleurs, exaspérés comme des vers coupés, frémissants comme le vif-argent, délirants comme des voyageurs à qui on a mis de la poudre à gratter dans le dos ?

Oui, comment expliquer leur turbulence ? Ils se choquent, se heurtent, se brisent, se cognent, tombent les uns sur les autres, montent sur les glaces et en dégringolent, ruissellent du faîte des maisons, s'aplatissent comme des louis d'or, se relèvent dans un orage de giffles, dans un tourbillonnement de coups et de torgnoles, gravissent les escaliers comme des balles sifflantes, les redescendent comme une cascade, rampent, se décarcassent, se mêlent, se déchirent, se raccommodent, jaillissent et bariolent l'air ambiant, éperdus comme les rouges, vertes, bleues, jaunes, violettes verroteries d'un kaléidoscope, et fatiguant la lumière du gaz, qui à les regarder s'interloque et ouvre des prunelles stupéfaites ? Elle est bien simple à expliquer, cette contradiction apparente ; c'est que, par leur jeu double, ces Hanlon Lees ont à exprimer deux ordres d'idées diamétralement opposés.

Remarquez en effet comme la sereine douceur et la céleste innocence de leurs visages contrastent avec la violence de leurs sauts, de leurs tordions, de leurs luttes et de leurs gambades ! Cela tient à ce que leurs visages racontent l'appétit de la vie idéale, tandis que leur féroce gymnastique, n'ayant d'autre but que l'agitation elle-même, représente exactement la vie terrestre avec ses casse-tête, ses remue-ménage, ses brouillamini et ses tragédies absurdes. A tout bien prendre, si quelqu'un méritait le nom de réaliste, ce seraient les Hanlon Lees tout seuls, car seuls ils ont reproduit la vie avec cette intensité dévorante et dépourvue de sens, sans laquelle elle ne se ressemble pas à elle-même. On le sait quand on est devenu vieux, entrer par la fenêtre ou tomber par la cheminée, recevoir des passants sur la tête, emplir son verre pour qu'un autre le vide, se livrer à un barbier qui vous coupe le nez, subir la pluie, l'orage, la guerre ; suivre, fendre, déchirer, affronter une foule, être foule soi-même, ne pas savoir où on va et hurler de n'y pas aller, écouter un

musicien effréné qui tiraillé, battu, brisé, mis
en pièces, continue à jouer son air sans s'apercevoir de rien ; rouler, dégringoler, se montrer, se cacher, s'endormir et être réveillé en
sursaut, verser en voiture, sauter en chemin de
fer, vider et emplir des malles, faire des sauts
périlleux pour retomber sur une chaise, et
finalement n'avoir pas le temps de s'y asseoir,
être frappé de plaies inattendues, orné de
bosses inexplicables, pris entre les portes,
empilé, écrasé, pillé, battu, embrassé, baisé,
écartelé, secoué comme un pantin dont une
main ironique agite les invisibles fils, voilà
précisément la vie comme elle est. Et les Hanlon Lees la reproduisent sans atténuation,
avec une scrupuleuse exactitude ; mais leur
bon regard ami et malicieux vous dit : « Oui
voilà comme elle est ; mais aussi, tu vois, je
m'exerce à m'envoler dans l'éther, plus loin
que l'azur et les oiseaux, là où sont les
astres ! »

Il n'y a pas de femmes dans les pantomimes
des Hanlon Lees ; si l'on en voit une, elle est
représentée par un homme travesti, comme
du temps de Shakespeare, et elle apparaît
comme une folle caricature de l'inconscience
et de l'étourderie féminines. Même, de peur
qu'on ne la prenne au sérieux, elle reçoit des

claques et des horions, aussi bien que ses
camarades; ses jupes, impudiquement se
retroussent dans la bagarre, elle est comme
Hector traînée par sa chevelure, et c'est en
quoi nos mimes, une fois de plus, montrent
leur profonde pensée. En effet, là où est la
femme, là aussi est l'amour; par sa divine et
surnaturelle puissance, l'homme emparadisé
échappe aux ennuis, aux tourments, aux vulgaires brutalités de sa vie affreuse, et par
conséquent la comédie est finie, car ainsi que
l'a dit le maître, « un homme et une femme
qui se fondent en un ange, c'est le ciel. » Et
je vais plus loin, je pense que, même s'il lui eût
été possible de faire autrement, Shakespeare
lui-même aurait eu raison de confier à de
jeunes garçons le soin de réciter les rôles de
ses héroïnes. Imogène ou Juliette peuvent être
évoquées par la magie toute-puissante de la
poésie, mais non par la présence réelle d'une
femme. Car la beauté d'une femme est person-
nelle, absolue, incapable de toute transfor-
mation. Si la comédienne est belle, elle repré-
sentera, non pas Juliette, mais elle-même, et
le spectateur aura envie, non de s'intéresser à
ses amours avec Roméo, mais d'être aimé
d'elle pour son propre compte, et de l'emporter
dans ses bras. Ceci d'ailleurs ne vise nulle-

ment à supprimer les actrices contemporaines,
qui jouent les comédies modernes ; car d'après
l'intention expresse des auteurs qui tra-
vaillent pour elles, elles doivent surtout s'ap-
pliquer à imiter des Parisiennes bien habillées,
à tignasses amusantes, vêtues de robes rose
éteint, bleu mort ou vieil or fauve, aux
lèvres pimentées, aux yeux voluptueusement
naïfs, souples comme des lianes, sveltes, bien
corsetées, bien gantées ; et c'est à quoi elles
réussissent parfaitement.

Ce n'est pas par hasard que le grand nom
de Shakespeare est venu sous ma plume. Je
pensais à cela : quels sublimes serviteurs ces
Hanlon Lees seraient pour la reine Titania, et
avec quelle exacte fantaisie ils représente-
raient Puck et Fleur des Pois et monsieur
Toile d'Araignée et monsieur Grain de Mou-
tarde ! Car s'ils le voulaient, rien au monde ne
pourrait les empêcher de voltiger sur les cimes
des herbes folles, de se balancer dans les lianes
comme dans un hamac, et de se blottir tous à
la fois, en se serrant un peu, dans la corolle
d'un lys ! La féerie ! certes, là est leur
domaine légitime et leur vraie patrie, mais ils
y aborderont certainement, le jour où ils
auront récolté à travers l'Europe suffisamment de guinées, doublons, roubles, dollars, et

où ils pourront ouvrir un théâtre à eux, machiné de façon à pouvoir faire se succéder les montagnes, les prairies, les forêts, les fermes, les cuisines, les paysages, dans un harmonieux tohubohu terminé par des effets d'eau naturelle !

Je ne le cache pas, c'est avec une plate jalousie, c'est avec une sombre envie que je considère les Hanlon Lees, et le regret de n'être pas un d'entre eux excite en moi les plus mauvaises passions. Car si j'étais un Hanlon Lees, quand, par exemple, un poète classique, ayant forcé ma porte, entrerait dans mon cabinet pour me lire une tragédie, avec quelle ivresse je m'élancerais sur la corniche du plafond, où le birbe n'aurait aucun moyen de me faire entendre son exécrable poème, dans lequel pour la facilité de la rime, le roi se nomme Agatharchide, sa fille Gatharchide, son confident Tharchide, et son capitaine des gardes Chide ! Et à supposer même, chose impossible ! que l'auteur tragique à perruque verte fût lui-même un Hanlon Lees déguisé, et s'élançât à côté de moi sur la corniche, je bondirais alors au haut de la glace. Il m'y suivrait, la glace s'effondrerait sous notre mutuel effort, et je retomberais dans une malle, où mon persécuteur ne tarderait pas à me suivre.

Au moment où il espérerait m'y continuer la lecture de son infâme tragédie, en s'éclairant au moyen d'une allumette chimique, je me serais déjà lancé comme une flèche dans la boîte de l'horloge. Il y serait aussitôt que moi, et reprendrait sa lecture, mais moi, d'un saut périlleux, je me serais jeté au haut de l'escalier ; ses alexandrins m'y poursuivraient, je ne l'ignore pas, mais je me laisserais glisser, comme un reptile, entre ses jambes, et ce serait bien le diable si dans tant de vols, de marches, d'allées et venues et de contre-marches, les malencontreux alexandrins ne s'étaient pas cassé les pieds et les pattes !

Mais contiens-toi, mon cœur ! Hélas ! je ne suis pas un Hanlon Lees ; je suis un simple poëte lyrique, à peine bon à chanter les exploits des mimes, et à imiter leur vol par celui de mes rimes turbulentes et précises ! Rentre en toi-même, misérable ! tu n'as à ton service d'autres ailes que celles des mots, d'autre théâtre que la feuille de papier blanc ; les seules taches jaunes et rouges dont tu puisses orner ton visage sont celles des épithètes ; et sur ton chapeau indigent, les seuls panaches que tu puisses arborer sont les magnifiques adjectifs. J'avoue tout, j'avoue que j'ai péché par excès d'orgueil, en pré-

tendant me comparer, même vaguement et
d'une manière relative, aux meurtriers
de l'air qu'ils déchirent, aux vainqueurs
de l'azur dompté, aux escaladeurs des cimes
et des nuées, et que je suis un simple assem-
bleur de syllabes, assis à une table, trempant
une plume dans l'encre pour écrire sur du
papier, et si ce n'est par mes aspirations insen-
sées, ne méritant en aucune façon d'être assi-
milé aux êtres surnaturels. Donc, ami lecteur, lecteur illustre et très précieux, oublie,
si toutefois tu l'as lue, cette préface absolument inutile. D'ailleurs tout ce que je t'ai dit,
c'était uniquement pour donner à mon cher
ami Richard Lesclide le temps de tailler sa
plume, et ces paroles dénuées de toute raison
d'être ont exactement la valeur de la symphonie pour clarinettes qu'exécutent sur le bord du
tréteau les lanciers polonais en shapska bleu
de ciel, tandis que s'agite derrière la toile le
pied impatient de la Comédie, dont on entend
déjà tintinnabuler les clochettes cruelles!

THÉODORE DE BANVILLE.

PREMIÈRE PARTIE

MÉMOIRES

DES FRÈRES HANLON LEES

« J'ai été pris d'une grande mélancolie de prosateur, quand ces êtres aériens, qui ne touchent la terre que pour ne pas nous humilier, les frères Hanlon Lees, m'ont prié d'écrire leurs mémoires. Je sais bien que je ne suis qu'un rédacteur à la ligne, un écrivain public tapis dans l'échoppe de l'incognito, et que le voile de l'anonyme, — une glace sans tain, — me couvre des pieds à la tête...

Mais cela n'ôte rien à la difficulté de l'entreprise. Ramener terre à terre ces gymnastes ailés, confronter ces fantoches avec la réalité, quelle tâche ingrate et ardue !

Je ne pouvais m'y décider, quand, avec cet accent anglais-français qui est une grâce dans la bouche des artistes et des femmes, un de mes héros entreprit de me réconforter.

— De quoi vous inquiétez-vous? dit-il; on ne vous demande pas de poème épique. Ecrivez simplement ce que nous vous raconterons. Quoi de plus facile?

— A la bonne heure, et comme cela, vaille que vaille, je ferai de la prose comme monsieur Jourdain. Quand je voudrai que Nicole m'apporte mon bonnet de nuit, je lui dirai : Nicole, apportez-moi mon bonnet de nuit. La besogne n'est pas au-dessus de mes forces. J'aurai l'adorable simplicité de Francisque Sarcey dans ses conférences.

— Un poète?

— Pas tout à fait. Donc, puisque nous déjeûnons ensemble demain, amenez vos frères. Nous causerons. Et, le soir même, je vous montrerai notre conversation sténographiée.

C'est précisément ce qui est arrivé.

Nous t'offrons aujourd'hui, public bienveillant, ces notes au crayon recueillies au dessert d'un repas idyllique (je dis idyllique à cause du mouton), repas que nous offrait un poète dont la lyre et les cheveux sont pleins de notes dorées.

MÉMOIRES
DES FRÈRES HANLON LEES

George Hanlon, l'aîné actuel de la famille, prit le premier la parole :

— Nous sommes, dit-il, d'origine irlandaise, et Dieu qui bénit les nombreuses familles, nous avait ménagé une bénédiction toute particulière. Nous n'étions pas moins de huit frères, dont deux, Robert et Henry, ne vécurent que quelques années. Les autres ont formé la troupe de gymnastes que le public a bien voulu prendre sous sa protection. Je suis né, ainsi que Thomas et William, à Liverpool; Alfred, Edward et Frédéric, à Manchester. Je ne vous parle pas d'une sœur, charmante enfant que nous perdîmes à l'âge de seize ans, car elle ne se destinait pas à la scène.

Notre famille appartenait au théâtre depuis de longues années ; nos père et mère se connurent en jouant la comédie et continuèrent après comme avant leur mariage.

C'est quelque chose que d'être nés sous les lueurs du gaz, à l'ombre des forêts de toile et de carton ; cela vous fait une carrière toute tracée. L'art dramatique et les professions qui s'y rattachent comptent peu de transfuges.

L'union de nos parents fut heureuse ; je n'en veux pour preuve que leurs noces d'or que nous comptons célébrer dans cette présente année 1879, noces auxquelles ils seront invités par leurs enfants et leurs petits-enfants.

On sait ce qui se passe dans les contes de fées, quand les familles deviennent trop nombreuses ; le père, après une légère discussion avec la mère, se lève de grand matin et va perdre une partie des enfants dans les bois. Cela est connu depuis le Petit Poucet. Nos parents nous aimaient trop pour s'accorder à cette tradition. Ils préférèrent confier notre éducation d'hommes et d'artistes au professeur Lees, qui jouissait d'une honorable réputation. Avant d'aller plus loin, laissez-moi vous dire que Lees ne fut pas seulement pour nous un professeur, mais un protecteur dévoué, un second père, à qui nous gardons une reconnaissance telle que nous avons réuni son nom au nôtre, pour ne jamais le quitter.

Lees, outre qu'il était un habile gymnaste, avait un cœur excellent, un esprit droit, et joignait au sens pratique de la vie des inclinations un peu fantaisistes. Artiste et homme d'affaires à la fois, ses paternelles sévérités se tempéraient de gaîtés d'enfant. Ce qui prouve que je n'embellis pas son portrait, c'est qu'il se fit aimer sincèrement de nous tous. C'est en stimulant notre émulation, notre amour-propre, qu'il fit notre éducation morale et physique, et nous le considérions, non comme un maître, mais comme un grand ami.

Il proposa à nos parents de se charger de nous ; ils y consentirent, ce qui valait évidemment mieux que de nous égarer dans une forêt.

Au bout de quelques années d'études, nous débutâmes, en 1847, au théâtre Adelphi, dirigé par la fameuse madame Céleste. C'est donc à Londres que nous vîmes pour la première fois le feu de la rampe.

Nous n'y restâmes pas longtemps. Le professeur — c'est le nom que nous donnions à Lees

2

— nous fit traverser la Manche peu de temps après nos débuts. Nous n'étions que trois auprès de lui : William, Alfred et moi, cadet de la famille. Cela composait une échelle de bambins de quatre à huit ans, qui n'étaient pas désagréables à voir. Le principe de Lees était que, pour exceller en quoi que ce soit, il faut commencer de bonne heure, et nous y avions la main.

La « grande attraction » que nous offrions au public français était un exercice complètement nouveau que le gymnaste Risley venait de mettre à la mode. Couché sur le dos et les jambes en l'air, il faisait cabrioler de cent façons ingénieuses ses jeunes fils, qui, après leurs sauts périlleux, retombaient assis ou même debout sur la semelle de ses escarpins.

Nous étions arrivés à faire les mêmes tours d'agilité avec un succès égal. Cet exercice, qui avait tout l'attrait d'une curiosité, faisait de grosses recettes. Aussi, tous les gymnastes en avaient-ils fait le fond de leur répertoire ; il n'y avait pas de droits d'auteur à payer.

Nous trouvâmes à Paris de nombreux concurrents. Pendant que Risley exploitait les grandes villes de France, un nommé Sand l'imitait au théâtre du Palais-Royal ; le Cirque

avait trouvé un équilibriste, Hemmings, qui
n'était pas moins habile. Cela était décourageant. Après réflexion, Lees jugea qu'il suffi-
rait de relever ces voltiges de quelque difficulté pour l'emporter sur des rivaux. Il signa
un engagement avec l'Hippodrome, et exécuta
le même travail sur une grande voiture rou-
lante qui courait autour de l'arène. Cela ajou-
tait beaucoup de mouvement et d'animation à
nos cabrioles, et nous fîmes un tour de France
qui nous valut un commencement de réputation. Lees était un grand voyageur; il quitta
quelque temps après la France pour l'Espagne,
et bien lui en prit, car la Révolution de février
1848 éclata peu après notre départ.

C'est alors que nous commençâmes, par
monts et par vaux, — c'est le cas de le dire, —
un voyage dont les souvenirs se gravèrent profondément dans nos jeunes têtes. Notre entrée
dans le pays fut pleine de péripéties. A peine
avions-nous franchi la frontière que nous
entendîmes des coups de fusil. La guerre
civile divisait l'Espagne. Au-delà de la Bidas-
soa, nous tombâmes dans un parti de carlistes,
un peu plus loin dans un parti de christinos;
c'étaient des bourrades, des poussées, des
injonctions militaires fort désobligeantes; à

chaque instant il fallait montrer nos papiers ou défaire nos malles pour prouver que nous ne portions pas de munitions à l'ennemi. Ce qui nous sauva fut notre jeunesse. Lees excepté, nous n'avions rien de redoutable, et l'on ne pouvait raisonnablement nous prendre pour des espions ou des belligérants.

Nous arrivâmes péniblement à Madrid, pendant que les armées ennemies se massacraient derrière nous, ce qui pouvait être regardé comme de fâcheux augure pour le succès de nos représentations.

Pas du tout. On était tellement habitué à ces secousses politiques que Madrid n'avait pas l'air de s'en émouvoir. La ville était animée, remuante, presque gaie; on s'y divertissait sans remords. Nous débutâmes au cirque de Madrid et devînmes les lions du jour, de petits lions. Nous portions le costume écossais, avec l'écharpe nationale rayée, les jambes nues et la gibecière des Highlanders. Cela faisait de nous de fort agréables babys. William surtout — il a un peu changé depuis — était abso-lument joli, et son minois futé, ses grands yeux rêveurs le faisaient prendre partout pour une petite fille.

— Je puis avouer que j'étais joli, dit Wil-

liam, car il a passé beaucoup d'eau sous les
ponts depuis ce temps là, même sous le pont
du Mançanarès. Cela, du reste, n'avait rien de
désagréable. Nos exercices d'une part, notre
gentillesse de l'autre, nous valaient une
foule d'invitations dans le grand monde. Nous
eûmes l'honneur d'être présentés à la reine
Isabelle II, ce qui nous émut si fort que George
oublia d'en retirer son chapeau, manque
d'étiquette considérable.

Les plus belles dames nous engageaient à
des soirées intimes, où l'on nous comblait de
cadeaux et où l'on nous embrassait sans
façon. La cour nous reçut à Aranjuez, comme à
Madrid, et c'est là que nous fîmes la connais-
sance d'une très belle personne qui fit depuis
une rare fortune. La comtesse de Téba,
puisqu'il faut la nommer, nous prenait sur ses
genoux et s'amusait à nous faire dire qui
nous aimions le mieux d'elle ou de sa sœur,
la duchesse d'Albe. Nous les trouvions égale :
ment belles ; la question était difficile à décider.

La duchesse était une véritable beauté espa-
gnole, faite de neige dorée et d'ébène écla-
tant ; — je n'ai pas besoin de vous dire quel
type étrange et charmant avait la blonde jeune

2.

fille qui fut plus tard impératrice au-delà des Pyrénées. Aussi refusions-nous de juger entre elles. George et Alfred se renfermaient dans un mutisme absolu. Poussé à bout, je fus plus héroïque ou plus hardi, et je dis en face à mademoiselle Eugénie :

— C'est vous qui êtes la plus belle.

Elle ne s'en fâcha pas, ni sa sœur non plus, et cela me valut quelques baisers hors de tour.

— Puisque William me coupe la parole pour raconter ses bonnes fortunes, dit George, je lui rendrai la pareille pour dévoiler une légèreté coupable qu'il commit à la même époque. Mais que cela reste entre nous. Il s'agit d'un secret qu'il ne faut publier sous aucun prétexte. Que dirait-on, bon Dieu ! si ce petit livre se traduisait jamais en anglais ? Nous serions perdus de réputation, William du moins.

— Alors, dit celui-ci, ne va pas plus loin.

— Non, certainement, fit George en continuant. Vous n'avez pas oublié que dans nos jupons écossais nous avions l'air de fillettes en robe courte. Cet affreux Will joignait à cela un teint si rose, des yeux si profonds, des cheveux si naturellement bouclés qu'on ne pouvait croire qu'il fût du vilain sexe. Il n'est sorte de

plaisanteries qu'on ne lui fit à cet égard. Les
demoiselles d'honneur l'appelaient « senorita »
et lui apportaient des poupées ; — jusqu'au
jour où dans un moment de colère, oubliant
qu'il n'avait pas sous ses jupes le maillot
réglementaire, le gentil garçon révolté exécuta
un saut périlleux qui porta dans les âmes une
conviction complète.

Il s'était réhabilité, mais au scandale de la
compagnie qui riait aux larmes, sauf quelques
personnes timorées qui s'abritaient de leur
éventail. Au bruit qui résulta de cette équi-
pée, le professeur Lees accourut de l'appartement voisin, pour savoir ce qui s'était
passé. Personne ne voulut le lui dire. Il
le devina peut-être, car, quelques jours après,
il nous habilla prudemment en *majos*, avec la
culotte collante, les bas de soie, les vestes à
clinquant et la résille castillane.

Ce fut pour nous un triomphe et une recru-
descence de succès. La reine nous compli-
menta sur notre nouvelle tenue, et la belle
préférée de William nous promena dans sa
calèche un jour qu'elle essayait quatre poneys
qui faillirent nous jeter à la rivière.

Ce sont là des choses qu'on n'oublie pas.

— Vous allez trouver, dit William, que

nous parlons beaucoup de ces débuts. C'est que ces impressions de notre vie d'artiste sont restées très-vivaces dans notre esprit. Notre voyage en Espagne a pour nous l'attrait d'un vieux souvenir et l'enivrement des premiers bravos. Il y a telle histoire de muletiers qui, estompée par le temps, est comme un mélodrame à grand spectacle que nous avons vu représenter autrefois.

— C'est moi qui vous dirai cette histoire, fit George, car l'âge que j'avais alors me permet de me la rappeler dans ses moindres détails. Nous avions depuis quelques jours quitté Saragosse, où l'on ne parlait que d'arrestations de diligences, de vols et de meurtres. Au milieu de la guerre civile, les voleurs et les bandits formaient un parti spécial qui s'attaquait aux gens sans défense. Dès que le cri : « *Bocca à terra !* » se faisait entendre, les voyageurs surpris par une fusillade inattendue, n'avaient rien de mieux à faire que de se coucher à plat ventre et d'attendre patiemment qu'on eut fait un choix parmi leurs femmes et leurs effets. Cet état de choses tenait les populations en haleine; un souffle belliqueux passait sur le pays et se mêlait aux moindres incidents de la vie.

Le professeur Lees nous avait fait partir de bonne heure pour arriver à Ronda avant la nuit, car il s'était engagé à donner une repré sentation le soir même dans cette ville. Il n'y avait pas de service de voitures sur la route ; nous avions dû nous accommoder du mode national de transport. Sept mules nous portaient avec nos bagages ; nous cheminions mélancoliquement sous un soleil brûlant, regardant du coin de l'œil les croix qui se dressaient le long du chemin, à la mémoire de voyageurs assassinés ou disparus d'une façon quelconque. Cela manquait de gaîté.

A deux heures de Ronda environ, voilà nos mules qui s'arrêtent. Devant nous s'ouvrait un étroit défilé, encombré d'ânes et d'âniers qui portaient de l'huile dans des outres et qui s'étaient rassemblés auprès d'une fontaine. Ce qu'il y avait d'ânes en ce lieu est incroyable. Les bonnes bêtes buvaient à loisir, se succédant tranquillement, sans songer qu'elles fermaient absolument la route. Nous demandons à passer, on ne répond pas ; nous insistons, on se met à rire ; nous appelons nos muletiers, ils s'étaient cachés, les âniers étant plus nombreux et porteurs de gourdins redoutables.

Lees se résout à haranguer ces messieurs, mais son éloquence a peu d'effet. — Chacun son tour ! répond un ânier malhonnête. Lees nous voit retenus jusqu'à la nuit dans une compagnie qui ne lui paraît pas sûre. Il se décide à forcer le passage, et pousse son mulet au milieu des ânes qui se dispersent. Les âniers s'agitent en poussant des cris, brandissent leurs aiguillons, et assaillent Lees, qui malgré son adresse, est blessé à la tête et au bras. Les navajas sortent de la ceinture et s'ouvrent avec un bruit sec. Lees se sent perdu s'il recule ou s'il hésite ; il saisit ses deux pistolets d'arçon, les arme, et les braque sur les assaillants les plus déterminés : — Le premier qui s'avance est mort ! dit-il.

Fuite générale ; la vue des armes à feu sème la terreur ; les âniers disparaissent on ne sait où ; les ânes courent çà et là, tout à fait ahuris.

— En route, enfants ! nous crie Lees.

Habitués à obéir sans discuter, nous fouettons nos mules qui prennent le trot. Ce n'est que quand il nous voit en sûreté, ainsi que les bagages, que le professeur songe à nous suivre. Au moment où il pique sa monture, un quartier de roche tombe à ses pieds, un autre derrière lui, un autre à côté. Les Âniers ont gravi les collines qui commandent le défilé et font pleuvoir des pierres énormes. C'est alors qu'on se sent heureux d'être gymnaste. L'œil fixé sur les hauteurs, le professeur saute à terre, bondit en avant, en arrière, entraînant sa mule, évitant des projectiles dont le moindre l'eût accablé. Cette course fantastique dure plus de cinq minutes. Enfin le défilé s'élargit; Lees enfourche sa monture, l'enlève d'un coup de fouet et nous rattrape à un quart de lieue.

— En avant ! en avant ! nous dit-il.

— Vous n'avez pas de mal ?

C'est alors que Lees s'aperçoit de ses blessures ; elles ne sont pas assez graves pour l'empêcher de marcher. Deux de nos muletiers nous rejoignent; notre principal conducteur, notre guide, ne se retrouve pas. Où s'est-il fourré ? L'attendre est imprudent. — En avant ! répète le professeur. Un carrefour se présente à nous. De quel côté passer ? A droite où à gauche? Personne ne le sait. Bah! si tout chemin mène à Rome, tout chemin mène à Ronda. Nous prenons au hasard et tombons, bien entendu, sur la mauvaise route; c'est ce qui nous sauve. Nous allongeons notre marche d'une

heure, mais nous évitons un défilé plus dangereux que le premier, où les âniers s'étaient
postés pour nous écraser sûrement. C'est ce
que nous raconta le lendemain l'alcade de
Ronda, qui fit saisir les trois âniers les plus
compromis pour faire un exemple. Ils n'a-
vaient cependant à se reprocher que d'a-
voir à peu près assommé notre infortuné
guide, qui remis de sa frayeur, avait es-
sayé de nous rallier par le chemin le plus
court. Cela prouve que les poltrons ont toujours tort.

— Vous aviez bien raison, dis-je, de m'annoncer un mélodrame. Rien n'y manque, sauf
une héroïne persécutée, et on peut s'en pro-
curer facilement. Ces âniers sauvages, ces
muletiers peureux, le défilé, la forêt, le carrefour, les mules, les ânes, le guide assassiné,
Lees échappant aux plus graves dangers par
des gambades frénétiques, le bon alcade parais-
sant au dénouement dans un feu de Bengale
rose : c'est la Providence elle-même qui vous
consacrait à la pantomime dès votre enfance.
Ajoutez qu'il y a abondance d'animaux dans
cette affaire, ce qui est le criterium des grands
succès. Notre second théâtre français ne réussit
qu'avec des meutes de chiens de chasse. C'est

le fin du fin de la nouvelle littérature dramatique.

— Notre professeur, reprit George, avait le soin de nous former à tous les exercices du corps, en dehors même des avantages que nous en devions retirer au point de vue professionnel. C'est ainsi qu'il fit de nous d'excellents nageurs, estimant qu'à un moment donné nous pourrions avoir à rivaliser avec un capitaine Webb. Sans arriver à traverser la Manche en vingt-deux heures, comme ce célèbre champion, nous tirions notre coupe selon toutes les règles de l'art.

Où se baignerait-on, si ce n'est en Espagne? Cela nous valut toutefois une venette épouvantable. Nous étions alors à Almeria, et passions tous les jours quelques heures dans l'eau. Comme nous nagions, Lees et moi, à une assez grande distance de terre, un pêcheur qui filait vers le large nous engagea à ne pas rentrer trop vite, parce qu'une bande de requins croisait entre le rivage et nous. Ce conseil bienveillant eût un effet diamétralement opposé à celui que le marin voulait produire. Je me mis à nager comme un forcené pour regagner la côte, malgré les réprimandes de Lees, qui ne pouvait me suivre et qui s'ins-

3

quiétait de la violence de mes mouvements. Je
pouvais perdre mes forces avant d'aborder —
George ! criait-il, attendez-moi ! je vous dis
de m'attendre !

Mais il ne gagnait rien sur ma frayeur. Je
battais et refoulais l'eau comme un enragé,
tremblant à chaque instant de me voir happer
par un poisson vorace.

Tout à coup un froid mortel m'envahit ; je
devenais la proie du monstre, qui m'avait saisi
par une jambe ; je perdis le sentiment, et j'étais
en train de couler à fond, quand je reçus une
bourrade qui me remit à fleur d'eau. Le requin
n'était autre que Lees qui, par prudence, voulait m'obliger à nager de conserve avec lui.
Je devins plus raisonnable et nous atterrîmes
sans accident.

En y réfléchissant, il nous sembla qu'on
s'était moqué de nous, et nous en fîmes des
reproches au brave homme qui nous avait
donné l'alerte. Pour se disculper, il nous engagea quelques jours après à venir voir une pêche
au requin. C'est un spectacle comme un autre,
et nous ne manquâmes pas à la représentation.

Quand nous vîmes qu'on préparait pour
cette fameuse pêche des filets ordinaires à
prendre les soles et les turbots, nous crûmes

à une autre mystification. Point. Sur les midi on vit apparaître au lointain des masses argentées, émergeant à demi de la mer et se dirigeant vers la grève. C'était bien un troupeau de requins, environnant, poursuivant, poussant devant lui des milliers de poissons innocents. Ces derniers, pour échapper aux mâchoires ennemies, se jetaient, affolés, dans les filets des pêcheurs, qui n'avaient qu'à les tendre pour les remplir. Ce fut une véritable pêche miraculeuse dans laquelle le requin ne jouait pas le rôle de victime, mais celui de simple compagnon de chasse.

Nous sortîmes d'Espagne par Gibraltar, avec l'intention d'aller au bout du monde. Une de nos premières étapes fut l'île de Malte dont William remporta un cuisant souvenir. Vous devez connaître — ne fut-ce que par des gravures, — les constructions du pays. Les maisons y sont couvertes de grands toits plats, sans garde-fous, sortes de terrasse qui servent de promenade. On y prend le café, et l'on y contemple l'éternel azur du ciel, — quand il ne pleut pas.

Nous y étions réunis un jour, quand William, ici présent, s'approcha du bord de l'esplanade pour considérer un figuier de Barbarie

qui croissait au pied du mur. Il aimait les
figues. Lees, voulant lui faire une bonne surprise s'avance à pas de loups pour lui donner
une poussée et le retenir en même temps.
Malheureusement ce tour n'avait pas été répété. William, au premier choc, tombe dans
l'espace d'une trentaine de pieds de hauteur.
Lees, éperdu, se précipite après lui. Point de
William. Il ne pouvait pourtant s'être en-
volé. C'est alors qu'on l'aperçut, juché dans le
figuier, accroché aux branches épineuses et
couvert d'égratignures qu'il faudrait éviter si
l'on mettait cette voltige en scène.

— Oui, dit William, ces figues de Barbarie
sont bien nommées ; elles sont excellentes,
mais peu faites pour s'asseoir dessus. J'ai le
courage de cette opinion. D'ailleurs, nous
étions gâtés par la vie facile que nous faisait
notre cher professeur. Nos heures d'étude, de
gymnastique et de travail avaient chacune
leur attrait ; nous acquérions une sûreté de
mouvements qui nous rend inutiles, les filets
imposés par les règlements de police, filets
alors tout à fait inconnus.

—Nous visitâmes avec beaucoup *d'agrément*,
poursuivit George, en appuyant sur ce terme
d'argot dramatique, la plupart des villes de

l'archipel. Nous n'y apprenions pas seulement
la gymnastique, mais la philosophie, et l'art
de se tirer bravement des mauvais pas. Notre
vie nomade mettait souvent Lees aux prises
avec de singulières difficultés. A Corfou ou à
Smyrne — les deux pays se valaient — un
grand coquin de Grec se présente pour entrer
au théâtre. On lui demande son billet; il répond qu'il n'en a pas besoin et qu'il entre
partout.

— Pas chez nous, répond Lees.

Le Grec fronce les sourcils et gronde sour-
dement. On engage Lees à la prudence. Il
avait affaire à un ogre, à un matamore qui
avait déjà couché je ne sais combien de gens
sur le carreau. Cela ne tirait pas à conséquence
dans l'île. Les rixes y étaient si fréquentes
qu'on n'y attachait plus d'importance. On en-
levait les morts et il n'en était plus question.
On se protégeait soi-même, si l'on voulait être
protégé.

Le Grec tira de sa ceinture un couteau
curieusement affilé et dit à Lees :

— Prenez garde, j'ai la main mauvaise.

— Faites bien attention, répondit Lees, si
vous me manquez, je ne vous manquerai pas.

Lees avait l'avantage du terrain et dominait

son adversaire de la hauteur de quelques marches. Soudain le Grec bondit comme un tigre. Lees l'évite par un rapide déplacement de corps ; le couteau passe sous son bras. Au même instant, l'assaillant reçoit en plein visage un de ces coups de poing qui font tant d'honneur à l'Angleterre. On l'emporta et l'on n'entendit plus parler de lui.

Nous grandissions pourtant, continua William, et cela nous valut une mortification assez sensible. Arrivés depuis quelque temps à Constantinople, nous y donnions des représentations suivies, quand nous fûmes engagés à répéter nos exercices devant Sa Hautesse. Ce n'était pas un faible honneur. Nous entrâmes au divan, remplis d'émulation, de zèle et de bonne volonté, comme y devraient entrer tous les ministres. Jamais nous n'avions eu tant de souplesse dans les jarrets. Le sultan daigna se montrer content, et cette satisfaction eut un écho dans le sérail, qui tourmenta et cajola son auguste maître jusqu'à ce qu'il eut consenti à montrer aux sultanes les *Fils de l'air* dont parlait toute la ville. Quelques jours après, nous fûmes invités à donner une représentation dans une des salles réservées du palais.

Nous y pénétrâmes avec une émotion bien

naturelle. Un grillage à mailles étroites, impénétrable aux regards, occupait un côté de l'appartement. C'est derrière cette cloison mystérieuse qu'étaient placées les fleurs du harem, les houris choisies par le descendant du Prophète, les souveraines de l'Orient. Des cris d'oiseaux, des murmures gracieux, un chuchottement affairé, des froufrous d'étoffes soyeuses témoignaient de la présence d'un invisible auditoire. Des battements de mains, doux comme des battements d'ailes, — car la claque rougit les doigts, — nous arrivaient par intervalles. Bref, ces dames furent tellement ravies, qu'un serviteur bizarrement habillé, (je le désignerai suffisamment en disant qu'il avait la voix claire), vint nous annoncer que la sultane favorite, avec la permission de Sa Hautesse, désirait complimenter M. Lees. Lees rougit et pâlit; il avait la galanterie des gens bien nés et un peu de leur audace, mais la faveur accordée lui parut si prodigieuse, si inusitée, qu'il se fit répéter l'invitation.

Il ne put douter du message, et comprimant son trouble, prenant une attitude pleine de réserve et de modestie, il dit à l'huissier aux paroles d'argent :

— Veuillez me montrer la route, je vous suis.

— Où cela? s'écria le bon serviteur qui tré-
bucha sur place.

— Mais.... auprès de votre maîtresse.

— Y songez-vous ? La mort punirait un
crime semblable.

— Qu'est-ce que vous me chantez alors ?

— Seigneur, je ne chante pas. Sur la prière
de ces dames, notre auguste calife a permis
que M. Lees fût introduit auprès d'elles. Mais
il s'agit du plus petit des Messieurs Lees, et je
crois que vous êtes le plus grand.

Lees, cruellement désappointé, fit un pas en
arrière. Alfred s'avança d'un air triomphant.

— Il n'est pas déjà si jeune! murmura notre
introducteur.

— Alfred, lui dit Lees, souviens-toi bien de
ce que tu vas voir. Tu peux dire que tu as de
la chance, mon bonhomme.

Alfred sortit, surveillé de près par son guide.
Il faut dire qu'il avait sept ans à cette époque.

— Je suppose que vous allez nous faire des
révélations, dis-je à Alfred qui jusqu'alors
avait gardé le silence.

— Oh ! fit-il avec un peu d'embarras, je n'ai
pas grand chose à vous raconter. Je vis là de
très-belles personnes, plus habillées que vous
ne semblez le penser ; elles me firent beaucoup

d'accueil. Elles allaient, venaient, ou se reposaient dans une grande salle entourée de larges sophas. Il y avait auprès d'elles des fleurs, des instruments de musique, une volière pleine d'oiseaux. On m'offrit des gâteaux et des sucreries; on m'embrassa bien moins qu'on ne le faisait en Espagne; on me fit parler, pour rire d'un langage qu'on ne comprenait pas. Avant de me congédier, une dame qui paraissait commander aux autres me mit au doigt un brillant superbe. Voilà comme on entre au sérail et comment on en sort.

— Il n'y a pas même matière à une pantomime là-dedans, dit Georges, et cette visite ne nous porta pas bonheur. Nous entrâmes dans une série de mauvais jours, à donner raison au proverbe oriental « Les malheurs vont par troupe. » Nous eûmes la malencontreuse idée d'aller d'Alexandrie au Caire par les bateaux qui remontent le Nil. Cette rivière nourricière a de dangereuses influences. Nous gagnâmes à la parcourir une ophtalmie qui nous coucha tous dans notre lit, comme des capucins de cartes. Il fallut un mois pour nous guérir.

Ce n'était que le commencement de nos mésaventures. La ville n'avait pas de local approprié à nos représentations. Nous résolû-

mes de construire une salle à nos frais; elle
fut inaugurée d'une façon brillante; seulement
personne ne vint à la seconde représentation;
il n'y avait pas plus de cinq cents curieux
dans le pays. Les Orientaux ont un flegme dont
il est bien difficile de les tirer.

Que faire en pareil cas? Aller se plaindre
aux Pyramides et chercher auprès d'elles quelques consolations.

D'autant qu'on ne saurait explorer l'Egypte
sans visiter ces géants de pierre, classés au
nombre des merveilles du monde, et qui racontent de leur grande voix l'histoire de Joseph
vendu par ses frères. On croit voir à leurs
pieds les sept vaches grasses et les sept vaches
maigres du Pharaon, et cette belle incomprise,
madame Putiphar, de galante mémoire.

Nous voilà donc partis pour faire l'ascension
de la pyramide de Ghiseh, ce fauteuil d'orchestre des siècles écoulés. Peut-être s'était-on levé
trop tard. Nous nous mîmes en route, montés
sur d'adorables petits ânes, beaucoup plus intelligents que leurs âniers.

L'usage est de sortir du Caire sur ces mon-
tures bibliques, avec lesquelles on rejoint un
boat à voiles et à avirons, qui suit le Nil jusqu'aux environs des Pyramides. Mais, pour

attraper le boat, il faut partir à temps.
Nous arrivâmes en retard d'un quart d'heure.
Cela n'est pas fait pour décourager de braves
cœurs. Lees nous montra les collines de pierre
dont le triangle se dressait à l'horizon, et nous
dit d'une façon superbe : « Ce n'est pas la
mer à boire, ce n'est que le désert à traverser. »

Ce sont là des mots qui vous remplissent
d'enthousiasme, quitte à se repentir ensuite
de les avoir écoutés.

Nous prîmes un joli chemin qui cotoie les
bords du Nil, dont la largeur est considérable
en cet endroit ; le fleuve décrit les plus capri-
cieuses sinuosités ; ce ne sont que golfes et pro-
montoires. Pour avancer d'un kilomètre, il
fallait souvent faire un circuit trois fois plus
long.

L'idée nous vint de couper au plus court et
de voyager par voie d'eau et de terre. A la première anse qui se présenta, nous nous désha-
billâmes, fîmes un paquet de nos vêtements, et
nous nous jetâmes à l'eau. Cela nous réussit
d'abord fort bien. Lees soutenait et conduisait
William et Alfred, encore enfants ; moi je por-
tais sur ma tête notre vestiaire, qui m'abritait
du soleil. Cette façon d'aller ne manquait pas
d'originalité.

Malheureusement, elle était fatigante; au bout d'une heure nos babys ne se tenaient plus debout. De mon côté, je perdis l'équilibre, et nos habits tombèrent à l'eau ; je les repêchai, mais complètement trempés. Lees, qui avait l'esprit inventif, coupa sur le rivage de longs roseaux, auxquels nous suspendîmes nos vêtements, et nous reprîmes notre marche dans le costume de notre premier père, chargés de notre blanchissage à la façon des Israélites porteurs des raisins de Chanaan.

Nous attrapâmes des coups de soleil, mais ils nous frappèrent sur des points rarement visibles. Notable consolation.

Au bout d'une heure, le soleil nous avait séchés. Cependant nous avions beau nous diriger vers les Pyramides, nous ne semblions pas en approcher. Cet effet d'optique, fréquent dans les pays de montagnes, est singulièrement décourageant. Nous n'en pouvions plus; Alfred se laissa tomber sur le sable, refusant d'avancer davantage.

— Portez-moi, si vous voulez, nous dit-il.

C'est en vain que Lees essaya de relever son énergie: il y a des limites d'éreintement que les forces humaines ne peuvent franchir. On eut beau lui promettre une montre d'or, il

n'en voulait pas. Nous le prîmes sous les bras
et le traînâmes comme un infirme.

William tomba à son tour. Lees enrageait,
car il était particulièrement obstiné dans ses
entreprises. Il chargea William sur son cou
et me pria de porter Alfred. Un peu plus loin,
je demandai grâce.

Le professeur allait se rendre, car, avec la
meilleure volonté du monde, il ne pouvait nous
porter tous les trois, — quand cinq grands
coquins de fellahs surgirent auprès de nous
comme des diables à ressorts. On eut dit qu'ils
sortaient des pierres de la route. Nous les
accueillîmes comme des envoyés de la Providence. Ils venaient offrir leurs services aux
honorables étrangers. On leur confia les deux
enfants, et les voilà partis, glissant, sans y
laisser de traces, sur le sable où nous enfon-
çions jusqu'à la cheville. Nous n'avons jamais
pu nous expliquer cette étrange faculté de
locomotion, constatée par tous les voyageurs.
Est-ce parce qu'ils courent pieds nus ? Est-ce
à cause de leur maigreur extrême ? Problème
difficile à résoudre.

Une heure plus tard nous touchions la
grande pyramide, où nos guides nous his-
sèrent tant bien que mal. Les marches que

l'on gravit sont très hautes et en assez mauvais état. Les fellahs ont une façon de vous
enlever par le bas des reins, que je ne saurais
recommander aux dames. Ce qu'il y a de certain, c'est que nous arrivâmes à la cime de la
pyramide, et que là nous poussâmes des cris
d'admiration. La vue était merveilleuse ; les
escaliers par lesquels on est arrivé à la plate-
forme ont disparu, et par un effet de vertige,
la montagne de pierre semble osciller et se
mouvoir sous vos pieds.

Nous y respirâmes à pleine poitrine, nous
nous y couchâmes avec ivresse ; nous étions
enivrés d'extase et de bien-être. Le soleil
s'abaissait lentement à l'horizon et la chaleur apaisée nous faisait une atmosphère
exquise.

Lees nous appela pour nous montrer une
inscription profondément gravée dans le roc,
sur une face de la pyramide. On y lisait ces
mots :

PILULES D'HOLOWAY

LONDRES ET CALCUTTA

avec l'adresse de l'inventeur.

— Souvenez-vous, nous dit le professeur, que cet Holoway mourra millionnaire.

Cette prédiction s'est accomplie, et Holoway, comme Barnum, a fait une prodigieuse fortune, pour être entré dans l'esprit de son siècle.

Je vous dirai accessoirement que notre frère William y est entré aussi. Dans une ville américaine où l'on nous demandait un millier de francs pour placer nos affiches sur des murs qui en étaient déjà encombrés, Will inventa la réclame *marchée*. Il lança par la cité des agents, porteurs de bottes spéciales, fabriquées sur le type des timbres commerciaux à ressort. A chaque pas, les bottes imprimaient sur les trottoirs :

Allez voir les frères Hanlon Lees !

Mais revenons à nos Pyramides.

Nous admirions le génie d'Holoway, quand un de nos guides nous fit remarquer que si nous nous attardions, nous manquerions probablement le dernier boat en partance pour le Caire. Quelle perpective pour des gens éreintés ! Nous disons adieu au panorama du désert, nous dégringolons de notre plate-forme, mais justement pour voir, au milieu de notre descente, le boat·quitter le port et s'éloigner du rivage, malgré nos appels désespérés.

C'était ne pas avoir de veine. Toutefois, il fallait faire « contre mauvaise fortune bon cœur. » Les guides reprirent les enfants sur leurs épaules, et nous recommençâmes à arpenter la route que nous avions déjà parcourue, — en sens inverse toutefois.

Nous n'étions que médiocrement rassurés par la mine ingrate des Bédouins qui nous accompagnaient. Je me figurais qu'ils s'étaient concertés pour nous faire manquer le bateau. On disparaît très facilement dans ces plaines sablonneuses qu'on a négligé jusqu'à présent de macadamiser et d'éclairer au gaz. Un des fellahs se permit de tâter amoureusement les poches de Lees.

— Mon Dieu ! lui dit le professeur, on n'y trouverait pas grand'chose, mais en revanche j'ai dans le bras une si rare vigueur, que d'un simple coup de poing j'assomme les gens comme des mouches.

Nos guides parurent émus de cette communication, et sur un geste de Lees, prirent les devants. Nous touchâmes enfin le port, ou plutôt l'endroit où nos ânes devaient nous attendre. Les ânes n'y étaient plus.

Nous tombons sur le sable, résignés à toutes les catastrophes, et gémissant sur notre
fin prochaine, comme la fille de Jephté. Tout
à coup un braiement se fait entendre, puis un
autre, puis un autre! Dieu sauveur, ce sont
des ânes! Bénis soient-ils! Nous sautons à
leur cou, nous montons sur leur dos, et nous
prenons la route du Caire.

Hélas! il ne suffit pas de partir, ni même
d'arriver, il faut pouvoir pénétrer dans cette
ville décevante. Toutes les portes en sont fer-
mées. Nous frappons, on ouvre le guichet:

— Que voulez-vous?

— Nous voulons entrer.

— Il est trop tard; vous entrerez demain.

Lees bondit et veut enfoncer la porte. Il
soulève un rocher pour la battre en brèche;
on menace de lui tirer des coups de fusil;
il se calme. Nous voilà logés à la belle étoile.

On y dort comme ailleurs. Nous nous éten-
dons sur la terre nue; les enfants ronflent
déjà; j'en vais faire autant; Lees se décide à
nous imiter. C'est alors que nous voyons paraître six grands drôles fauves et roux qui
nous secouent pour nous éveiller. Nous
croyons notre dernière heure venue. Point du
tout. Ce sont d'honnêtes commerçants qui

viennent nous proposer une affaire. Comment donc! Tout ce qui n'est point assassinat nous semble une faveur. Il s'agit, moyennant un prix raisonnable, de nous faire entrer en ville par une porte inconnue à la garnison. Lees accepte. Nos nouveaux conducteurs nous font passer par un souterrain infect et tortueux, où il leur était loisible de nous égorger avec la plus grande facilité. Ils n'en font rien, ce qui nous enchante. Lees, qui est un sceptique, les soupçonne de faire partie du poste qui nous a refusé la porte. A trois heures du matin, nous rentrons enfin chez nous et voyons en rêve des pyramides dansantes et des farandoles de Bédouins.

Tout cela n'était que roses en comparaison de ce qui nous était réservé. Quelques jours après, comme nous répétions nos exercices au théâtre, une bande de voleurs s'introduit dans notre maison; on enlève à Lees cent mille francs qu'il avait en caisse et les innombrables cadeaux que nous avions reçus. Je vous laisse à juger de notre désespoir. Les autorités locales écoutèrent nos plaintes, levèrent les yeux au ciel et nous répondirent: — C'était écrit! — Le consul anglais prit un vif intérêt à notre situation, mais en nous expliquant qu'espérer retrouver notre argent était un rêve chimérique. Nous n'avions qu'à souhaiter que les bandits en fissent un bon usage.

Ce coup nous accablait encore et pouvait nous créer de sérieux embarras, quand le résident britannique, qui nous témoignait une bonne grâce extrême, nous engagea à partir pour Dabbelberah, délicieuse oasis située à mi-chemin du Caire à Suez. Abbas-Pacha y tenait sa cour.

Nous trouvâmes chez ce prince une hospitalité généreuse et magnifique. Il nous retint près de trois semaines ; nous donnions dans son palais des représentations journalières. Il nous fit presque oublier notre malheur et sa protection nous rendit le courage et l'espoir. On ne perd pas cent mille francs comme un sou ; il nous fallut longtemps pour nous en remettre.

C'est à Dabbelberah que nous assistâmes aux exercices de la javeline, qui n'est autre que le javelot homérique perfectionné. Les soldats d'Abbas se livraient de véritables combats avec des javelines à pointe émoussée, qui ne laissaient pas que d'envoyer de temps en temps des hommes à l'hôpital. Le trapèze me paraît préférable sous tous les rapports. J'irais plus volontiers de Montmartre au Mont-Valérien sur une corde tendue, qu'au devant d'un de ces projectiles qui sont pleins de couleur antique et de foudroiements inattendus.

Nous quittâmes le noble pacha pour nous embarquer à Suez sur le steamer *Indostany*, commandé par le capitaine Harrison, le même Harrison qui eut la gloire de conduire le *Great Eastern* à travers l'Atlantique, pour poser le premier câble électrique reliant l'Europe à l'Amérique. Ce brave marin périt quelques années plus tard dans une simple partie de canot.

Pendant notre traversée, un évènement nous prouva que nous n'en avions pas fini avec le guignon qui nous poursuivait. Nous étions à table, quand un incendie éclata à bord avec une grande violence. La discipline est telle sur ces bateaux qu'aucune alarme ne fut donnée. Un officier vint dire quelques mots à l'oreille du capitaine, qui se leva en nous adressant une parole d'excuse. Il s'éloigna tranquillement. Le repas se termina comme à l'ordinaire, pendant que l'équipage luttait contre l'élément destructeur. Les convives qui se levaient pour sortir étaient abordés par un officier qui les prenait à part et les priait d'é-

viter tout ce qui pourrait créer une panique.
Cela se faisait simplement, doucement, en
pleine mer, avec le plus beau sang-froid du
monde. Après quelques heures d'angoisses et
d'efforts on se rendit maître du feu. Ce n'est
qu'alors que les voyageurs qui s'étaient attardés à table apprirent qu'ils avaient dîné sur
un volcan.

Au reste, nous éprouvâmes bien d'autres
accidents pendant nos voyages autour du
monde. Si je vous ai raconté celui-ci avec com-
plaisance, c'est qu'il est un des plus graves,
et qu'il donne l'idée de la froideur britannique
avec laquelle les sinistres sont acceptés à bord
des vaisseaux anglais.

Nous arrivâmes à Aden, dont je n'ai pas
grand chose à vous dire...

— Comment! s'écria William, pas grand
chose! Voilà une noire ingratitude. C'est une
ville dont je garde un souvenir extraordinaire.
Figurez-vous que nous manquions de blan-
chisseuses sur l'*Indostany*. C'était une lacune.
Le capitaine Harrison, très recommandable
d'ailleurs, n'avait point fait au blanchissage
une place suffisante à son bord. Nous débar-
quions avec une montagne de linge sale. Deux
heures après notre arrivée à Aden — je dis

deux heures et non pas quatre — le linge des passagers et de l'équipage rentrait à bord éblouissant, repassé, parfumé à l'iris, comme s'il eut été touché par la baguette d'une fée.

— Si tu m'arrêtes toutes les fois que nous aurons du linge à blanchir, dit George, nous n'arriverons jamais. Or, nous avions des représentations à donner à Calcutta, à Madras, à Bombay, villes absolument anglaises où un chaleureux accueil nous était réservé. Nous reçûmes, pendant ce temps, des propositions qui nous décidèrent à visiter l'intérieur du pays, où les Rajahs gouvernent, ou font semblant de gouverner, sous le protectorat de l'Angleterre.

Le Rajah de Mysore nous accueillit à sa cour. Il avait puissamment aidé les Anglais à reprendre la ville de Seringapatam à Tippoo-Sahib. Ce dernier, pour mieux la défendre, avait imaginé de remplir es ossés des fortifications de crocodiles et d'alligators. C'était de bonne guerre. Quand les assiégeants virent grouiller dans les vases qu'il fallait franchir de monstrueux caïmans, qui leur tendaient des mâchoires suppliantes, ils évitèrent de les passer à gué.

Ces bizarres alliés reçurent par inadvertance ou par ricochet quelques balles et quelques boulets malsains, mais ils en furent quittes pour dévorer leurs blessés, ce qui montre qu'ils sont un peu moins civilisés que les hommes.

La ville réduite à l'obéissance reprit le courant de sa vie habituelle ; on oublia les bons crocodiles qui colonisèrent à l'ombre de ses murailles, heureux comme des poissons dans l'eau, dévorant les détritus qu'on leur jetait et quelquefois les promeneurs attardés. C'était comme un grand aquarium naturel qui entourait la cité et qu'allaient visiter les bonnes d'enfants, comme elles vont à Paris voir les poissons rouges des Tuileries.

Nous ne savions rien de tout cela, quand nous arrivâmes à Seringapatam, harassés de fatigue, car on voyage là-bas dans des carrioles de construction élémentaire, qui n'ont rien de confortable. Il était quatre à cinq heures du matin. A la vue des fossés remplis d'une belle eau dormante, William, qui a toujours de bonnes idées, nous proposa de prendre un bain pour nous délasser. Je me déshabillais, quand je vis osciller un des rocs qui émergeaient de l'eau ; c'était un crocodile qui s'informait du lever du soleil. Il n'avait

guère que vingt pieds de longueur. Je remis
mes bottes, pendant qu'une sentinelle complai-
sante nous faisait le récit du siège de la ville.

Je lui fis observer qu'il serait bon de mettre
une « *Défense de se baigner* » sur les glacis
des fortifications. Il me répondit avec quelque
raison que les crocodiles constituaient par eux-
mêmes un écriteau suffisant.

— C'est le moment de parler, dit William,
d'une victoire que je remportai sur le rajah de
Mysore, victoire qui prouve à quel point je
suis mauvais courtisan. Cet excellent prince,
grand amateur d'échecs, nous invita à faire sa
partie. Mes frères me mirent en avant; j'étais
d'une certaine force à ce jeu oriental. Que
vous dirai-je? Le jeu a des séductions telles
que celui qui jouerait la fièvre voudrait la
gagner. Je me laissai emporter par cet instinct
maladroit, et au lieu de céder l'avantage au
souverain, je le battis à plate couture.

Loin de s'en montrer blessé, ce bon rajah,
qui nous avait déjà comblé de présents,
d'armes de luxe et de cachemires, ajouta à ses
libéralités un jeu d'échecs en bois de sandal
d'un travail admirable.

— Que t'aurait-il donné, si tu avais perdu!
me dit notre professeur.

La vérité est que nous apportions dans ces nobles relations une franchise polie et une liberté toute américaine. Lees, pendant notre séjour à Bardoum, faisait régulièrement la partie de billard du roi indien avec des chances diverses. Ces honorables fréquentations nous valaient des faveurs et des cadeaux dont se fussent contentés des agents diplomatiques.

— Nous passâmes par Java et Singapore, reprit George, pour y donner quelques représentations, avant de nous diriger vers l'Australie dont nous voulions parcourir les centres principaux, notamment Sidney et Melbourne. On nous avait prévenus de la difficulté que nous éprouverions à trouver en Océanie des théâtres propres à nos représentations ; aussi partîmes-nous en grand équipage, suivis de seize serviteurs indiens et d'une tente immense. Nous ne la dressions pas seulement dans les villes, mais dans les environs des mines où affluaient les travailleurs du pays. La fièvre de l'émigration était alors générale ; on désertait les fabriques ; les navires étaient abandonnés par leurs équipages ; tout le monde courait aux placers. Nous ne retînmes nos domestiques qu'en leur assurant un salaire considérable. Le public qui venait nous applaudir était com-

4

posé d'individus appartenant à toutes les na-
tionalités du globe. On ne peut imaginer
l'étrange société au milieu de laquelle nous
vivions. Elle était à la fois intéressante et redoutable. L'homme à la recherche de l'or revient en partie à l'état sauvage, sous l'empire
des appétits matériels; il vit en même temps
dans les rêves inspirés par les trésors qu'il
porte à sa ceinture. Point de monnaie nationale courante dans ces milieux, ou plutôt
toutes les monnaies y sont admises. Les mi-
neurs payaient leur place en pincées de poudre
d'or. Les orages de bravos qui éclataient sur
nos têtes étaient presque terrifiants. La salle
entière avait des accès d'enthousiasme qui se
traduisaient en pluie de pépites d'or jonchant
l'arène de notre cirque, plus productive que
les placers.

Malheureusement, ces mœurs primitives
dégénèrent souvent en licence. Mêlés aux
aventuriers qui cherchent à s'enrichir sans
blesser les lois sociales, on trouve des exploi-
teurs, des crânes, des majos de la mauvaise
espèce, et cela vous apprend la prudence.

Un jour que l'un de nous, assis pacifique-
ment dans un bar-room, buvait un verre de
bière, un de ces pourfendeurs enleva le verre

de sa main et le vida d'un air de défi. Notre éducation gymnastique avait fait de nous des champions solides; l'agresseur alla rouler à dix pas. Il se releva et sortit sans rien dire.

On nous prévînt que nous serions probablement attaqués à notre sortie. Cela ne manqua pas. Ce buveur de bière à bon marché recruta quelques amis et voulut nous faire un mauvais parti. Nous dûmes nous armer de revolvers qui tinrent l'ennemi en respect. Le revolver, il faut le constater à regret, est dans ces contrées un viatique indispensable. Nous ne nous en séparâmes plus, quoique nous n'ayons jamais eu l'occasion de nous en servir.

Il fallait tout le sang-froid de Lees pour conduire notre barque au milieu de tant d'écueils. Il ne voulut pas quitter l'océan Pacifique sans s'arrêter dans la Nouvelle Zélande. Nous y fûmes chaleureusement accueillis et eûmes l'honneur de frotter notre nez à celui de plusieurs chefs illustres. Mais la civilisation du pays laissait à désirer. Les indigènes, quoique fort aimables dans leurs relations, avaient de fâcheux retours vers le passé. Ils allaient la veille au sermon d'un missionnaire qu'ils mangeaient le lendemain. Quand ils vous serraient la main ou vous frappaient sur l'épaule, c'était avec la préoccupation de savoir si vous étiez gras. Ils nous regardaient voltiger dans les airs comme on admire un essaim de perdrix ou un bel étalage de boucherie. Quand ils criaient « hurrah! » ils se passaient la langue sur les lèvres. Aussi Lees nous charma-t-il en nous apprenant que nous quittions cette contrée dont l'appétit nous inquiétait. Un navire à voiles nous transporta en trente-sept jours à Valparaiso, d'où nous partîmes pour visiter les principales villes de la République du Chili.

Je ne vous ferai pas le récit de nos pérégrinations et de nos triomphes. Les Américains sont très épris des exercices gymnastiques et savent les apprécier. Au Pérou, comme au Chili, on nous fit des ovations enthousiastes. La fortune et le succès nous souriaient à la fois, quand nous fûmes frappés du malheur le plus imprévu. En quittant Panama, Lees, notre père adoptif, fut atteint d'une des plus dangereuses variétés de la fièvre jaune, le vomito negro. Malgré les soins les plus dévoués, il mourut pendant la traversée de Panama à la Havane et eut l'océan pour tombeau.

Il n'est pas seulement cruel, il est imprudent de mourir en pays étranger. Lees s'at-

tendait si peu à cette séparation qu'il laissa
ses affaires dans un désordre relatif. Les autorités déléguèrent des gens de loi qui réglèrent
à leur guise les intérêts de notre directeur, et
l'on nous renvoya en Angleterre sans prendre
notre avis à cet égard.

C'est, à proprement parler, de cette époque
que date notre association fraternelle. Thomas,
notre aîné, transforma notre maison en un
gymnase où nous travaillâmes pendant dix-
huit mois de la façon la plus assidue. Après
ce complément d'éducation nous reparûmes
devant le public.

Notre famille entière, continua George, ou
du moins les six frères existants, Thomas, William, Alfred, Edward et Frédéric, — en me
comptant, — formèrent une compagnie de
gymnastes, sous le nom de

HANLON-LEES' TRANSATLANTIC COMBINATION.

Nous affirmions ainsi notre projet arrêté
d'exploiter les deux mondes.

Avec l'instinct naturel à tous les artistes,
nous jugeâmes que c'était par Paris que devait
commencer notre second voyage autour du
monde. Nous débutâmes au Cirque d'hiver
dans *les Trois Fils de l'air*, avec un succès

4.

dont vous retrouverez l'écho dans les journaux du temps. Cela nous valut, au bout de quelques mois, de brillantes propositions d'engagement pour la Russie. Notre répertoire s'était enrichi d'une foule d'exercices nouveaux. Nous ne nous en étions pas tenus, comme vous le pensez bien, à la voltige de Risley. Thomas, dont la vigueur égalait l'agilité, créait *l'Echelle périlleuse*, portant en équilibre une longue échelle à l'extrémité de laquelle nous accomplissions les tours les plus hardis. Nous avions été les premiers à reproduire les sauts du trapèze volant, qui venaient de faire la réputation de Léotard.

— Il faut rendre justice, dit William, à cet excellent gymnaste que nous avons particulièrement connu. Il nous a laissé les meilleurs souvenirs et doit être regardé comme un des maîtres de la gymnastique. Son père l'avait élevé dans des études de force et d'agilité qu'il pratiquait depuis l'enfance, ce qui l'avait fait parvenir à une perfection d'exécution à peu près absolue.

Comme il arrive toujours quand un nouveau travail paraît dans les cirques, une foule d'imitateurs essayait de marcher sur ses traces. Ce n'était pas en quelques mois qu'on pouvait

espérer rivaliser avec lui. On donnait au
public un à peu près plus ou moins satisfai-
sant, mais le vol de Léotard entre ses trapèzes
était beaucoup plus considérable que celui des
autres gymnastes, et la sûreté de son élan,
la netteté de ses mouvements excluaient toute
idée de danger dans l'esprit des spectateurs.

On alla au-delà de ce qu'il avait enseigné,
ou du moins on fit « autre chose. » Mais,
c'est véritablement Léotard qui est resté le
créateur de ce genre de voltige qui passionne
encore le public.

Nous abandonnâmes Paris pour Saint-
Pétersbourg, où notre succès nous retint plus
de deux années. Nous n'avions pas encore
l'idée de nous essayer à la pantomime et ne
faisions guère que de la gymnastique. C'est à
peine si nous nous permettions quelques lazzis
pour servir de cadre à nos tours de force.

Nous travaillâmes beaucoup dans ce pays en
dehors de nos représentations ; c'est là que
nous imaginâmes la plupart des exercices qui
devaient faire notre réputation. On ne quittait
la barre ou les parallèles que quand on était
arrivé à exécuter avec une précision complète
ce que nous avions projeté.

C'est à Saint-Pétersbourg que nous fîmes

applaudir pour la première fois un saut périlleux dont l'invention nous est acquise : Je
montais sur les épaules de George, qui mon-
tait sur les épaules de Thomas, et cette pyramide humaine se tenait immobile, les bras
croisés, devant le spectateur.

Tout à coup, du sommet où j'étais perché,
j'accomplissais une cabriole aérienne et retom-
bais debout sur les épaules de Thomas, pendant que George, placé entre nous, se déro-
bait à la pyramide par un saut périlleux de
côté. Ce genre de tour a cela de particulier,
c'est qu'il est difficile, les bras étant inertes,
de le manquer sans se casser les reins, ce qui
oblige à beaucoup d'exactitude.

— Il ne faut pas croire, dit William, qu'on
s'établisse à Saint-Pétersbourg sans difficulté.
On refusa d'abord de louer un appartement à
des gens qu'on supposait extrêmement turbulents, en raison de leur état. Il nous fallut
user de ruse et payer fort cher pour être accueillis par un propriétaire. Quand ce propriétaire vit que nous avions établi un gymnase
dans sa maison, il doubla le prix de notre
loyer.

Nous aurions accepté ces déboires avec résignation, sans le froid qui nous gênait beau-

coup. Sans doute nous avions des poêles au logis, mais après avoir manqué d'être asphixiés par une bouche de chaleur ouverte mal à propos, nous n'en approchions qu'avec défiance.

Le public, cependant, nous avait pris en amitié ; la cour nous voyait d'un bon œil. Notre popularité s'était accrue du sauvetage d'un soldat que nous avions retiré d'un canal de la Néva. Sans la rigueur du climat, la Russie nous eût séduits. Nous fîmes quelques excursions dans ses principales villes.

Pendant notre séjour à Moscou, un incendie éclata dans l'hôtel que nous habitions, situé à peu près en face du Théâtre-Français. Le feu avait pris dans une bibliothèque et s'était développé si rapidement, qu'on songeait à le fuir plutôt qu'à le combattre. Les voyageurs s'éloignaient avec leurs effets les plus précieux ; l'alarme était donnée. Nous prévînmes nos voisins, MM. Christophe et John Hendersan, tous deux artistes comme nous, et nous les aidâmes à se sauver avec leur famille. Ce n'est qu'ensuite que nous montâmes aux étages supérieurs, où se trouvaient nos jeunes frères. L'escalier était flammes et venait de s'écrouler.

Il nous parut alors doux d'avoir des ailes. Nous lançâmes à toute volée des cordes qu'on assujettit aux croisées des maisons voisines, et c'est par cette route aérienne que nous passâmes avec les enfants, aux acclamations de ela foule qui assistait à notre voyage périlleux, sans payer sa place.

Nous obtenions une telle vogue dans le pays qu'on s'en préoccupa dans les régions officielles. Le gouvernement nous fit des propositions inattendues. Il s'agissait de fonder, avec notre concours, une école de gymnastique dans laquelle on admettrait d'abord les officiers de l'armée, puis des compagnies d'élite. La durée de notre engagement aurait été de quinze ans, au bout desquels, en dehors de nos appointements, des pensions de retraite nous seraient accordées.

Si honorables que fussent ces ouvertures, nous ne jugeâmes pas à propos de les accepter. Les voies de fer russes étaient fort incomplètes, et l'hiver était un geôlier qui vous emprisonnait dans les cités à peu près les deux tiers de l'année. On n'en sortait qu'à ses risques et périls, avec la perspective d'avoir à combattre les bandes de loups qui, pendant des mois entiers, devenaient les véritables maîtres de la contrée. Aussi préférâmes-nous continuer notre carrière libre de gymnastes, d'autant que la France, que nous aimions beaucoup, nous appelait chez elle.

Tout se sait à Paris. Quand on entendit parler des succès de notre troupe à Saint-Pétersbourg, la Porte-Saint-Martin nous demanda si nous voulions figurer dans une de ses féeries. Pourquoi pas ? Jusqu'alors, les cirques avaient conservé le privilège des exercices gymnastiques et acrobatiques. Ce privilège avait vécu. La féerie est en effet le véritable cadre de la clownerie, et nous nous enorgueillissons d'avoir été les promoteurs de cette révolution dans l'art dramatique.

— Il faut, dit George, que je rappelle un fait que la modestie de William passe sous silence. Il s'agit d'un tour de force quelque peu dangereux qu'il osa tenter, sur le défi d'un confrère. Vous savez qu'il est d'usage que les gymnastes atteignent les appareils aériens en montant le long d'une corde attachée au plafond des cirques ou aux appareils eux-mêmes. On proposa à William, juché à quarante-cinq pieds du sol, de m'enlever jusqu'à lui à la force du poignet. Il y réussit, mais ce n'est pas une chose à recommencer, quand on n'a point au-dessous de soi des filets préservateurs. — Or, ils n'étaient point inventés à cette époque.

— Mais, dis-je un peu timidement, si William avait lâché la corde, qui se serait cassé le cou ?

— Moi, dit George, mais enfin, c'est lui qui tenait le pari et qui en avait assumé la responsabilité.

De Paris à Londres, de Londres en Amérique, continua le narrateur, nous reprîmes nos pérégrinations artistiques. L'Amérique, où nous avions laissé d'excellents souvenirs, nous reçut comme des enfants prodigues. Nos représentations eurent un succès universel et déterminèrent aux Etats-Unis un mouvement d'opinion en faveur de la gymnastique.

Elle entra dès cette époque dans l'éducation générale. Nous aidâmes à la fondation d'écoles destinées à former les jeunes gens des deux sexes aux exercices du corps ; on écrivit des brochures sur l'utilité hygiénique des cordes à nœuds et des barres transversales. La mode s'en mêla ; les gens du meilleur monde eurent des trapèzes chez eux ; on flirtait à trente pieds du sol. Nous eûmes l'honneur d'être proclamés CHAMPIONS ou GYMNASTES NATIONAUX de l'Amérique, et une médaille d'or, sur laquelle ce titre est inscrit, nous fut remise par le général Williams Sherman, au nom de la ville de Saint-Louis.

Cette réussite, qui dépassait nos espérances, ne nous empêchait pas de travailler et d'imaginer des tours nouveaux pour tenir en éveil la curiosité du public. Succès oblige, et dans une route pareille, qui ne progresse pas recule. C'étaient tous les jours des surprises et des inventions. Les chapeaux tournants et voltigeants nous conduisirent à exécuter mille et une fantaisies avec nos bonnets de pierrots; les meilleures sont restées. On ne se contentait pas de nous applaudir; on nous fêtait et l'on nous payait fort cher. Les Etats-Unis furent pour nous une terre promise, et nous y demeurâmes plusieurs années.

Malheureusement la guerre de sécession éclata. Nous nous trouvions alors dans les Etats du Nord. On offrit à Thomas, notre frère aîné, le commandement d'un « corps de gymnastes » de quinze cents hommes que le gouvernement offrait d'équiper. Nous étions indécis à ce sujet, quand les conseils de notre père nous déterminerent à nous tenir à l'écart d'une lutte où nous comptions des amis dans les camps opposés.

Notre « *Transatlantic Combination* », si l'on

5

se souvient du titre un peu ambitieux de notre
association, ne se bornait pas à produire des
tours de force et d'agilité ; nous exploitions
les nouveautés scientifiques ou artistiques, ce
qui nous obligeait à être en correspondance
suivie avec l'Europe. C'est à cette occasion que
nous connûmes le célèbre Barnum, un des
hommes qui tirèrent le mieux parti des en-
gouements et des faiblesses de la foule. C'était
et c'est encore un aimable et obligeant compagnon. Nul mieux que lui ne savait l'art de
jeter un peu d'or par les fenêtres pour faire
rentrer beaucoup d'argent par la porte.

Nous nous étions attachés des artistes de
divers genres et réunissions dans notre spectacle toutes sortes d'attractions qui font encore le succès des fêtes françaises. Les effets
d'hydraulique, de lumière électrique et surtout d'optique charmaient des contrées un peu
naïves où l'on avait peine à ne pas nous
prendre pour des sorciers. L'Europe nous
fournissait ordinairement nos prestiges ; L'Angleterre eut la gloire de patronner les exhi-
bitions de spectres qui pénétrèrent jusques
dans le drame moderne. On sait qu'ils
étaient créés par le reflet de glaces transpa-
rentes étamées par l'obscurité.

Barnum était à New-York, ainsi que nous, quand notre frère William, momentanément absent, nous écrivit de France qu'il venait d'acheter un secret appelé « l'*Oracle du Sphinx* » au prix de cinq mille francs.

Cela nous parut cher. William suivit de près sa lettre, apportant avec lui ce coûteux secret, qui nous séduisit d'abord, mais qui avait un mauvais côté. Il était presque impossible de s'en servir sans le révéler aux gens du théâtre, et alors ce n'était plus un secret. Dilemme embarrassant.

Pour réduire nos chances de perte, nous proposâmes à Barnum de s'associer à cette affaire. Il ne dit ni oui ni non, et nous pria de lui montrer auparavant, en petit comité, le sphinx dont il s'agissait. C'était trop juste. Voilà ce que nous lui fîmes voir :

Dans une grande salle meublée confortablement on apercevait une table haute et mince, placée exactement au milieu de la chambre. Elle était supportée par des colonnettes cylindriques ; le regard circulait librement au-dessous. Un tapis vert couvrait la table sans la déborder.

Au centre de cette table on déposait une boîte carrée d'un pied de côté environ, soi-

gneusement fermée. On l'ouvrait avec une clé
d'acier, et l'on voyait à l'intérieur une tête de
sphinx dorée, parée de bandelettes égyptien-
nes et dont les yeux remuaient vaguement.
Cette tête répondait poliment aux questions
qu'on lui adressait. Barnum parut très content de cet appareil, dont il attribua le secret à un procédé mécanique et à un conduit
acoustique à peu près semblable à celui
dont il est parlé dans Don Quichotte ; il se
trompait. Le Sphinx n'était autre qu'un de
nos frères. L'illusion était causée par des
glaces réfléchissantes, encadrées par les colonnettes, qui faisaient paraître vide, au-dessous
de la table, l'espace que le corps du sphinx
occupait.

Nous allions traiter avec Barnum, quand
il reçut de son correspondant d'Angleterre
une lettre annonçant l'achat fait pour son
compte d'un Sphinx semblable au nôtre.
C'était une mauvaise affaire pour tous deux.
Nous convînmes à l'amiable que nous aban-
donnerions New-York au grand impresario, et
que nous aurions pour notre part d'exploi-
tation les autres villes de l'Amérique.

Le Sphinx eut pendant quelque temps un
grand succès, mais ce que nous avions ap-

préhendé ne manqua pas d'arriver. Le soin que nous prenions de nous enfermer pour préparer ce spectacle excita la curiosité de nos employés. Un de nos machinistes, au péril de sa vie, grimpa sur la toiture du théâtre, la perça, descendit dans les coulisses et parvînt à nous surprendre. Notre secret fut immédiatement divulgué.

Cette leçon ne fut pas perdue. Nous en agîmes désormais librement vis-à-vis de nos ouvriers, remarquant qu'ils ne cherchaient pas à deviner ni à répandre ce qu'on n'avait pas l'air de leur cacher. L'autel ne saurait avoir des mystères pour les prêtres qui le desservent.

Notre *Sphinx* fournit une carrière fructueuse à San-Francisco; il est connu en Europe sous le nom de *Décapité parlant*. Mais ce truc a été à peu près déshonoré par les faiseurs de bas étage.

Le *Wild Pigeon*, clipper à voiles, nous transporta en 52 jours de Californie au Chili. On marche quelquefois plus vite, mais un calme plat nous arrêta sous l'équateur. Notre seule distraction consistait à nous baigner du matin au soir. On n'a pas à craindre de crocodiles dans ces parages, mais d'innombrables requins qui s'ébattent dans le grand bain tiède

que le soleil leur chauffe. On leur cause une
pénible déception en se baignant au-dessus de
voiles immergées qui ne leur permettent d'approcher qu'à distance respectueuse. Ils ne lais-
sent pas de venir rôder autour des nageurs,
mais il faudrait ne pas être gymnaste pour
avoir peur de ces lourdauds.

Valparaiso se souvint des bambins qui, quelques années auparavant, l'avaient visité. Nous
y reçûmes un accueil qui nous toucha profondément. Nous quittâmes cette ville à regret,
pour visiter le Pérou. Il nous est resté de Lima
et des Péruviennes à *rebozzo* un souvenir
ravissant, auquel se lie une histoire de guérison miraculeuse dont mon frère Thomas fut
l'objet.

Il avait été atteint, à la suite d'une grande
fatigue, d'une paralysie passagère, ce qui ne
l'empêchait pourtant pas de continuer le tour
du monde avec nous. Seulement, il fallait le
porter comme un enfant, et quand nous sé-
journions dans une ville, il passait sa vie dans
son lit, — triste position pour un fils de l'air.

Un jour qu'il était couché, rêvant à la lune,
il entendit des grondements tout à fait inusi-
tés. Il crut d'abord à un orage et ne s'en mit
pas en peine. Ce n'était pas un orage.

Le Pérou est le pays des tremblements de terre ; nous le savions depuis longtemps pour avoir failli être engloutis dans le sous-sol, quand nous l'avions parcouru avec le professeur Lees. Nous ne prîmes pas le change, comme notre malade, et sautâmes dans la rue par le chemin le plus court. Tout à coup, je me souvins que Thomas était resté dans sa chambre. Je montai l'escalier quatre à quatre et le bousculai singulièrement. Il ne comprenait pas ce que je voulais dire. J'allais le charger sur mes épaules, quand il fut jeté hors de son lit par une secousse violente. Il aperçut en même temps la maison d'en face qui s'écroulait. Ah ! quel saut de jaguar ! L'infirme bondit, saute, vole, touche à peine les escaliers, et c'est tout ce que je puis faire que de le rattraper dans la rue, où l'on s'étonne en plein jour de voir un homme en chemise. Mais un tremblement de terre fait passer bien des choses, et on pardonna ce manque de *cant* à l'heureux Thomas, radicalement guéri.

Quoique les voyages maritimes ne nous fussent pas désagréables, nous résolûmes d'aller du Pérou à Buenos-Ayres en traversant le continent américain. Voyage pittoresque, s'il en fut, mais non pas exempt de difficultés. Son principal obstacle est cette magnifique chaîne des Cordilières, qui est évidemment l'épine dorsale du globe. Il serait difficile de la tourner, car elle n'a pas moins de trois mille lieues de développement.

On parvient à la franchir avec beaucoup de fatigue et de patience. Nous dûmes engager vingt-cinq mulets pour cette expédition, et il ne nous fallut pas moins de trois jours pour atteindre la gorge par laquelle nous devions passer. Nous y arrivâmes complètement éreintés. Une de nos plus fâcheuses préoccupations était causée par la figure de nos guides, malandrins du plus farouche aspect. Dans cette effrayante compagnie on côtoie de tels précipices, on parcourt de telles solitudes qu'on ne peut s'empêcher de penser combien il serait facile à des gens mal intentionnés de vous pousser dans un abîme sans fond. Or, ces guides suspects étaient armés, plus nombreux que nous, et pleins de sollicitude pour nos bagages.

Notre défiance était telle que nous avions résolu, comme les yeux d'Argus, de ne jamais dormir tous à la fois. Chacun de nous veillait à tour de rôle....

— Bon ! interrompit William, je te vois

venir. Tu vas me reprocher de m'être endormi, quand c'était à mon tour de faire le guet. Je l'avoue. C'est qu'il n'y avait aucun danger. Ces vilains guides étaient les plus honnêtes gens du monde. C'est à peine s'ils volaient ce que nous laissions traîner. Ce n'est point d'eux que je me plains, mais de leurs mules. Oh! ces mules! Les mules d'Espagne sont des anges en comparaison. Ne me parlez pas des mules d'Amérique. Ces stupides bêtes ont la manie de passer sur l'extrême bord des ravins, et vous ne sauriez leur persuader de prendre le milieu de la route. Révérence parler, elles sont entêtées comme des mules. Qu'il y ait une pierre qui surplombe, un cap de terre coupé de fissures, c'est là qu'elles se plantent pour respirer à loisir. Autour de vous le vide, l'espace, des paysages à mille pieds de profondeur. Si l'on avait encore un trapèze où s'accrocher, mais point de trapèze! Alfred, que vous voyez là, eut la naïveté de vouloir mâter la mule qui le portait. Il désirait prendre à droite, la mule préférait la gauche. Le mors n'y faisant rien, il la roua de coups; la bête secouait les oreilles et passait à gauche plus que jamais. Soudain un écart subit, un soubresaut vainqueur désarçonnent son cavalier

5.

qui exécute un saut périlleux inconnu à notre répertoire. Il plana sur l'abîme, et c'est la Providence bien certainement qui l'envoya rouler dans de hautes herbes où nous pûmes le rattraper.

Son guide particulier ne s'émut pas de cette aventure : — Senor caballero, dit-il, il faut laisser faire la mule; elle sait son métier mieux que vous.

Le versant occidental des Andes devait nous conduire à la Prairie, qui semblait s'éloigner de nous à mesure que nous en approchions. Les esprits mécontents prétendent que dans les chemins de fer on ne voyage pas, on arrive; — dans les steppes américaines, c'est tout le contraire, on voyage, on n'arrive pas. On peut même n'arriver jamais. Dans un village voisin de Rosario, nous trouvâmes un poste de soldats qui nous raconta que de nombreuses bandes d'Indiens pillards couraient la campagne. On s'attendait à les voir paraître à chaque instant. En effet, ils parurent.

Nous voilà obligés de prendre un fusil et de défendre la place : quelle récréation à offrir à des voyageurs harassés! L'alarme fut chaude, mais ne se prolongea pas. Après vingt-quatre

heures de siège pendant lesquelles on fit parler
la poudre, les Indiens se dispersèrent et nous
laissèrent le passage libre. Nous commençions
à regretter la route de mer.

Nous touchâmes enfin la Prairie, et nos
guides nous annoncèrent qu'il ne nous faudrait
pas moins de quinze jours pour en voir la
fin. Il est vrai que notre caravane procédait
par courtes étapes; on s'arrêtait pour boire,
pour manger, pour dormir. Nous passions les
nuits dans de misérables posadas, quelquefois désertes et d'une rare saleté. Ce qui nous
affectait le plus, c'était la monotonie na-
vrante du paysage. Ces plaines immenses,
presque sans accidents, ont l'aspect d'un
Océan tranquille, apaisé, gazonné comme
une pelouse de jardin anglais. Aussi loin que
la vue peut s'étendre, on ne voit que le ciel
bleu et la terre verte. Conçoit-on une pelouse
de trois cents lieues, et n'y a-t-il pas là de quoi
rassasier les amateurs de jardins anglais?

Cette fastidieuse marche nous permit d'as-
sister à de curieux phénomènes de mirage.
De hautes forêts nous apparaissaient au lointain; nous nous hâtions vers elles, pour nous
reposer sous de grands arbres, car depuis
plusieurs jours nous n'en avions pas aperçus.

Hélas! ces forêts fuyaient à notre approche ;
après les avoir poursuivies des heures entières,
on les voyait se dissoudre lentement à l'horizon
pour ne laisser devant nous que la Prairie
éternelle et désolante.

— L'accueil qu'on nous fit à Buenos-Ayres et
à Rio-de-Janeiro, dit George, nous fit bien vite
oublier les désagréments de cet ennuyeux
voyage. Il nous eût fallu des chariots pour emporter les couronnes et les cadeaux qui nous
furent offerts. Aussi ne pouvions-nous nous
résoudre à abandonner l'Amérique. La liberté
dont on y jouissait, l'estime qu'on faisait de
notre talent nous y attachaient chaque jour
davantage.

Cependant une inclination naturelle nous
détermina à rentrer en Europe par la France,
et les paquebots transatlantiques nous conduisirent de Rio-de-Janeiro à Bordeaux en
un mois.

— Avant de quitter l'Amérique, fit William, je vous dirai quelques mots de la façon
dont nous entendions la réclame; — nous met-
tons volontiers nos procédés à la disposition
des contrefacteurs.

Nous étions à Baltimore, passablement mécontents de nos affiches et de notre publi-

cité. Juste en face de notre hôtel, on apercevait une colonne érigée à la gloire de
Washington; il y a fort à parier qu'elle est
encore à la même place. Je causais avec
George, et cette colonne nous faisait rêver;
nos frères étaient au balcon auprès de nous; il
y avait beaucoup de monde par les rues.

George me demanda s'il me conviendrait
de monter sur le monument, pour nous rendre compte de l'aspect général de la ville et
des environs. J'y consentis. Nous ne regret-
tâmes pas la fatigue de l'ascension, car, arrivés
sur le balcon circulaire supérieur, nous vîmes
se dérouler à nos yeux un panorama magnifique. La ville était sous nos pieds.

Nos frères, placés en face de nous, tout en
bas, nous disaient bonjour de la main.

— Si nous faisions un peu de voltige? me
dit George.

C'était une inspiration de génie. Nous étions
en vue de dix mille individus qui seraient
autant de trompettes pour annoncer notre
représentation du soir. George, me voyant
d'accord avec lui, enjamba le balcon et se
précipita dans l'espace...

Imaginez le cri qui retentit! Une clameur
grandissante monta jusqu'à nous.

George, sans s'émouvoir, saluait le public.
Je l'avais saisi par le pied et le balançais dans
les airs, pendant qu'il assujettissait sa montre
dans son gousset et prenait des précautions
pour que son argent ne glissât pas hors de ses
poches. On le regardait avec une épouvante
que la gaîté remplaça bientôt.

Mille acclamations s'élevèrent jusqu'à nous,
quand on fut convaincu que nous étions là
pour notre plaisir. Après quelques moulinets
que j'exécutai avec mon frère, je le replaçai
sur ses pieds. On répétait notre nom de tous
côtés. Des esprits naïfs s'attendaient à nous
voir sauter du balcon sur la place, mais la
vérité est que nous descendîmes, comme le
commun des mortels, par l'escalier ordinaire.

Nous quittions la colonne, suivis par des
hurrahs enthousiastes, quand deux policemen
nous touchèrent du bout du doigt et nous
prièrent de les suivre chez le constable.

— Pourquoi donc, messieurs?

— Tentative de suicide.

— Ce n'était pas sérieux.

— Vous vous en expliquerez à l'Office.

Heureusement que nos frères s'étaient aperçus de ce malentendu. Ils accoururent à notre
secours et répondirent de nos intentions.

Pour appuyer leurs arguments, je pris George par la main et le lançai par-dessus la tête
des honnêtes agents, qui ne trouvèrent rien à
répliquer à cette culbute.

— Il serait peu intéressant, reprit George,
de vous tracer l'itinéraire de nos voyages qui
ont enveloppé le globe d'une sorte de réseau.
La vie nomade nous plaisait fort, et notre intérêt étant d'accord avec notre inclination,
nous traversions l'Océan comme on passe la
Seine. En 1870, nous nous trouvions à Paris,
où nous finissions toujours par revenir. Nous
venions de signer un engagement avec le directeur Strange, qui voulait montrer aux Pa-
risiens le ballet-pantomime anglais dans toute
sa splendeur. Il avait loué la salle du Châtelet pour y jouer *Fiamma.*

M. Strange jouissait d'une réputation de
directeur intelligent. Il avait relevé et trans-
formé l'Alhambra de Londres, et arrivait en
France avec de nombreux éléments d'attraction.

Quarante-cinq danseuses qui n'étaient pas
laides, des clowns, des gymnastes, des trucs et
des machines devaient illustrer cette pièce
aventureuse de *Fiamma,* qui ne ressemblait à
rien.

Nous y remplissions des rôles d'agilité, ainsi que notre confrère Agoust, qui a depuis associé sa fortune à la nôtre. Quoique nous n'écrivions pas ses mémoires, il nous faut dire un mot de ce rare camarade et de cet excellent ami.

Agoust était élève de M. Blanc, ancien directeur du théâtre du Havre. Il avait étudié et joué la pantomime avec succès, ce qui ne l'empêchait pas d'être le premier jongleur du monde. Cela lui avait valu un engagement au théâtre du Châtelet.

La male chance se mêla des affaires de notre impresario. Il tomba d'abord sur la saison d'été, qui ne ressemble pas à Paris à celle de Londres. En même temps la guerre de Prusse éclata; ce fut la ruine de sa spéculation. Il s'obstina à lutter contre les événements, un peu pour lui, un peu pour les comédiens qu'il avait engagés. Le 6 septembre, deux jours après la chute de l'Empire, le ministre des Beaux-Arts le fit appeler et le pria de fermer son théâtre. M. Strange perdait alors plus de cent mille francs. Quelques centaines d'artistes et d'ouvriers furent jetés sur le pavé. Il y avait cas de force majeure; nos contrats étaient résiliés de droit et de fait.

Il fallut quitter la France. — Nous voulions emmener Agoust avec nous. Il refusa de nous accompagner et s'enrôla dans la garde nationale de Paris pendant le siège de 1870-1871.

— Vous en parlez avec une véritable effusion, dis-je ; il est aisé de voir que vous l'aimez beaucoup.

— Si nous l'aimons ! fit William, à preuve que nous avons failli le tuer. Vous allez savoir comment. Lees, qui avait beaucoup de gaîté dans le caractère, nous avait légué la tradition de plusieurs bonnes farces, dont il nous rendait les victimes de si bon cœur qu'il n'y avait pas moyen de s'en fâcher. Ainsi, il avait le secret de vous attacher très délicatement par l'orteil, pendant votre sommeil, sans que vous le sentissiez. Il vous éveillait alors et vous engageait à le suivre. On se révoltait, mais cette rébellion ne servait à rien. Lees insistait avec politesse, tirant son cordon qui ne faisait aucun mal quand on obéissait, mais qui causait une torture insoutenable quand on résistait à sa tyrannie. Le nœud dont il vous enlaçait était impossible à rompre. Il opérait sans méchanceté, vous promenait en chemise par toute la

maison, puis vous ramenait à votre lit, vous
déliait, bordait vos couvertures, vous sou-
haitait une bonne nuit et allait se coucher
tranquillement.

Nous ne pûmes le faire renoncer à cette
taquinerie énorme qu'en lui appliquant la loi
du talion. Nous le garrottâmes à notre tour au
milieu d'un bon somme et lui fîmes visiter
la maison de la cave au grenier. Il eut beau
jurer, tempêter, protester contre ce mépris de
la hiérarchie, nous abusâmes de la victoire,
ce qui entraîna une trêve mutuelle.

Vingt ans plus tard, nous étions à Cincin-
nati, dans l'Amérique du Nord, et les journaux étaient remplis de faits-divers sinistres.
Des bandes de malfaiteurs parcouraient le pays
et infestaient les villes. La police américaine
fait tout ce qu'elle peut, mais en ce moment
elle ne pouvait pas grand chose.

Notre ami Agoust avait pris l'habitude de
s'attarder au théâtre après les représentations.
Cela était imprudent et pouvait lui valoir une
fatale rencontre. Nous résolûmes — dans son
intérêt, c'était un prétexte comme un autre, —
de lui faire peur, en lui donnant une leçon
dont il se souviendrait longtemps.

Nous eûmes soin, dans la journée qui pré-

céda notre coup d'Etat, d'entretenir Agoust
de sujets lugubres. C'étaient des cadavres
qu'on avait ramassés au coin des rues, des
femmes éventrées, des bourgeois massacrés,
des assassins qui faisaient le métier par goût
et pour s'entretenir la main. On en frissonnait.
Aussi, le soir venu, nous crûmes que notre ami
allait venir avec nous. Après quelques hési-
tations, il nous laissa partir.

Nous prîmes les devants pour nous embus-
quer dans un carrefour fait tout exprès pour y
commettre de mauvais coups. L'endroit invi-
tait naturellement au meurtre. Point de lune
au ciel. Nous étions groupés dans une sombre
encoignure dont l'œil ne pouvait sonder les
profondeurs. Au bout d'une assez longue
attente, pendant laquelle nous dîmes et
fîmes mille folies, George nous imposa silence. Il avait reconnu le pas de notre camarade.

Agoust s'avançait prudemment, avec une vague méfiance. On voyait qu'il se tenait sur ses
gardes. En approchant du carrefour où nous
étions cachés, son pas se ralentit; il essaya de
distinguer ce que recélait cette ombre épaisse.
Il alluma de petites bougies de cire, mais leur
éclat rapide ne lui fut pas d'un grand secours.

Il prit alors son revolver au poing, et marcha vers nous, l'oreille aux aguets.

Il sentait qu'il y avait des êtres vivants dans ce noir insondable ; ce sont de ces divinations qu'on n'explique pas. Nous demeurions silencieux et immobiles ; son revolver nous inquiétait d'autant moins que nous avions eu soin d'en retirer les balles.

Tout à coup Agoust se raisonne, se remonte, prend une belle résolution, et, jouant le tout pour le tout, entre dans l'ombre redoutée. Il la traverse, il la franchit, il se croit sauvé et va remiser son arme défensive, quand des cris féroces éclatent autour de lui :

— Tue ! tue ! tue !

Des hommes ou plutôt des tigres bondissants s'abattent à ses côtés ; il se voit cerné, pressé, saisi, maintenu ; à la lueur du gaz de longs poignards étincellent et s'enfoncent dans sa poitrine jusqu'à la garde....

Il tombe. — Mort ?

Non, mais il ne s'en fallait guère.

Quand nous le relevâmes, inerte, paralysé, tremblant de fièvre, nous eûmes peur autant que lui, et le froid nous passa dans le dos. Il fallut l'appeler, le secouer, l'embrasser, lui montrer que nous l'avions tué avec des poignards de théâtre dont la lame rentrait dans le manche; — il demeurait hébété, comme s'il eût perdu la saine perception des choses, et se tâtait en répétant : Je suis mort! je suis mort!....

Cela ne dura pas. Agoust finit par nous reconnaître et nous pardonna; — mais il ne voulut jamais convenir que nous lui avions fait une bonne plaisanterie.

— La guerre civile nous ayant chassé du Mexique, reprit George, nous rentrâmes en France avec notre troupe actuelle, afin de donner des représentations à Lyon pendant l'Exposition internationale organisée dans cette ville. On sait qu'elle fut retardée, entravée par toutes sortes d'obstacles et surtout par le mauvais temps. — Nous n'y restâmes que quelques mois, et partîmes pour aller chercher le soleil dans sa patrie.

Turin, Milan et Marseille nous consolèrent de Lyon.

C'est à Marseille, à la fin de 1872, que M. Sari traita avec nous pour une série de représentations à donner aux Folies-Bergère. Nous y jouâmes plusieurs pantomimes, entr'autres *le Frater de Village* dont nous avions fait une sorte de complément de nos soirées.

Au sortir de Paris nous entreprîmes un voyage en Europe plus complet que les précédents. Nous revîmes la Russie et passâmes quelques années en Allemagne et en Autriche, attendant avec un peu d'impatience l'Exposition universelle de 1878.

C'est pendant cette Exposition que nous cédâmes à l'attraction qui nous entraînait vers la pantomime, sans nous rendre pourtant infidèles à nos exercices de gymnastes. Nous pensâmes qu'on pouvait leur donner une application originale qui en relèverait la saveur. Le public fut de notre avis, — et voilà pourquoi vous écrivez nos mémoires.

— Quoi! dis-je, est-ce déjà fini? Il me reste une question à vous adresser. Comment avez-vous fait pour parcourir une pareille carrière sans y laisser vos os ?

— Ah! fit George, vous voulez parler du chapitre des accidents. J'avoue que c'est un des revenus de notre métier, mais il n'est guère d'industrie ou d'art qui n'ait ses victimes. Nous pouvons parler d'autant plus librement à ce sujet qu'on a fort exagéré les choses en ce qui nous concerne. Les journaux nous ont tués je ne sais combien de fois. A l'imitation de l'Anglais qui suivait un célèbre dompteur, afin de le voir dévorer un jour ou l'autre, des spectateurs ont fréquenté nos représentations pour nous y voir rompre le cou. Mais il s'agissait de paris, ce qui explique tout. Là où il y a sport, il n'y a point cruauté.

En réalité nous n'avons à notre passif que sept chutes, réparties sur quatre d'entre nous: — trois au compte de Thomas, deux pour William, une pour Edward, une pour Alfred. C'est tout. Thomas, notre aîné, était un garçon solide, à larges épaules, base invariable de toutes nos pyramides humaines. Son audace était sans bornes et dégénérait quelquefois en imprudence. A Liverpool il fut précipité d'une hauteur considérable dans l'orchestre du théâtre. Aucun musicien ne fut écrasé, mais il mit en pièces une contrebasse innocente et se sauva à ses dépens.

Une seconde chute le contusionna si violemment qu'il crût en rester perclus toute sa vie. Son magnifique tempérament le tira d'affaire.

William se cassa le bras à Manchester, et sa convalescence ne dura pas moins de dix-huit mois. Son dernier accident, arrivé sur l'*Echelle périlleuse*, ne le retint pas plus de trois jours au lit.

Enfin Edward et Alfred en furent quittes pour quelques côtes enfoncées, à la suite d'une distraction. Ils durent s'éloigner pendant quelque temps de la scène, mais ils ne perdirent ni leur hardiesse ni leur sang-froid.

En général nous sommes d'une telle souplesse que les foulures n'ont pas de prise sur nous. Les fractures sont plus redoutables. La seule victime de ce martyrologe fut notre frère Thomas qui, à sa troisième chute, s'ouvrit le crâne sur un robinet à gaz. Il en conserva des lésions au cerveau qui lui troublèrent l'entendement.

Il vécut plusieurs années après cet accident, travaillant à bâtons rompus. Nous dûmes enfin le mettre dans une maison de santé. Je ne vous raconterais pas l'épisode terrible qui termina sa vie, s'il ne se liait d'une façon sinistre à notre état de gymnastes. — Une nuit où les souffrances de notre malheureux frère se réveillèrent sans doute avec intensité, il se leva, et seul dans sa chambre, se prit à exécuter des sauts périlleux, s'appliquant à retomber exactement la tête la première sur un tuyau de chauffage en fonte qui traversait l'appartement.

Les gens de la maison entendaient des coups sourds, répétés à intervalles presque réguliers, et ne s'en expliquaient pas la nature. On en compta dix-sept. Quand on s'avisa, un peu tard, de monter chez Thomas, on le trouva étendu sur le parquet, le crâne entièrement fracassé.

— Cet événement épouvantable, dit William, ne contribua pas peu à diriger le courant de nos idées vers une modification à apporter à nos exercices. Nos parents nous y poussaient, surtout notre mère qui avait failli ne pas survivre à la mort de notre frère aîné. Il nous parut possible de donner à la pantomime une plus grande place dans nos spectacles. Sur la demande de mes frères, je m'en occupai activement, secondé au point de vue musical par Alfred qui est le compositeur de la troupe. Je fabrique les scénarios, il se charge des partitions. Ce n'est pas pour le vanter, mais il tirerait au besoin de la musique d'une pantoufle.

— Il faut dire, fit George, que le même Alfred faillit nous être enlevé par une erreur singulière, dérivant des nécessités de notre profession. Il n'est pas utile d'affirmer qu'une des qualités principales du gymnaste doit être une grande sûreté de main. Il faut qu'il puisse saisir les cordes ou les barres des

6

trapèzes, sans violence et sans faiblesse, de
façon à glisser autour d'elles en s'y atta-
chant solidement. Or, certains glissements
prolongés usent et attaquent l'épiderme, et
nous sortons souvent de nos représentations
les mains endolories. On remédie à cet incon-
vénient au moyen d'un liniment composé de
je ne sais quelles drogues, qui nous refait en
vingt-quatre heures des mains souples et
dociles. Ce liniment est un poison dangereux.

A Buenos-Ayres, où nous nous trouvions, un
domestique maladroit versa ce liquide dans
une bouteille de porter dont il oublia d'enlever
l'étiquette. Alfred arrive, un peu échauffé,
voit cette bouteille entamée, la porte à ses
lèvres et en avale une gorgée sans se rendre
compte de la nature du liquide qu'il absorbe...
Il s'arrêta, chancelant, comprit tout, et essaya
de se guérir par le procédé qu'employait l'em-
pereur Vitellius pour combattre ses indigestions. Ses doigts lui furent d'un grand secours;
il se sentit soulagé, mais tomba presque aussitôt dans une torpeur inquiétante.

Ce n'est pas sans peine que nous lui fîmes
avouer son imprudence. Grâce à une médica-
tion énergique, on l'arracha à l'assoupisse-
ment mortel qui s'emparait de lui.

En somme, toutes les médailles ont leur revers. Les gymnastes n'échappent pas à la loi commune. Mais on se fait généralement une fausse idée des dangers qu'ils ont à redouter. — On n'est pas toujours disposé à « travailler » avec le même entrain. Une fausse digestion, de mauvaises nouvelles, des ennuis intimes, des idées noires vous troublent malgré vous. Ces dispositions fâcheuses se manifestent quelquefois par une bizarre transsudation des mains, qui deviennent humides et moites quelque soin qu'on prenne de les essuyer. Il en résulte pour l'artiste de vagues appréhensions.

Point de danger réel pourtant. Dès qu'il entre en scène, il n'y songe plus. L'aspect du public produit en lui une surexcitation nerveuse qui dissipe ses faiblesses. Il n'est pas de vertiges pour un gymnaste exercé, et encore moins d'éblouissements, à moins d'écarts de régime qu'il ne faut pas prévoir, car ils équivalent à un suicide. Il n'y a point de raison sérieuse pour qu'il manque un exercice qu'il a étudié et pratiqué. De là son indifférence devant des éventualités de chute tout à fait improbables. Son courage, son audace sont une conséquence naturelle de la confiance qu'il a dans ses forces et dans les camarades qui lui sont associés.

Cela est le grand point, le point capital; c'est pour arriver à cette confiance que nous nous réunissons tous les jours, et que nous répétons le matin ce que nous devons exécuter le soir. Un accord parfait entre nous est indispensable. Nous convenons des modifications à apporter à nos exercices ou des effets nouveaux à y ajouter. Ce travail est tellement nécessaire qu'on n'y saurait manquer impunément.

Je puis vous en donner la preuve par une courte anecdote qui, d'ailleurs, a sa moralité. Nous étions à Québec et comptions représenter *le Frater de Village*, pantomime qui faisait alors le fond de notre répertoire. Or, je ne sais quelle idée passa par la tête d'Edward qui jouait un amoureux ridicule et recevait tous les horions de la pièce.

— Je m'ennuie, dit-il, de poser en beau Léandre, et d'accepter, du commencement à la fin de la comédie, les giffles de mon ami Pierrot. Je voudrais en donner à mon tour et changer de rôle avec Frédéric. Je suis sûr que j'y trouverai d'heureux effets ; — je me sens né pour donner des claques plutôt que pour en recevoir.

— Alors, dit Frédéric, c'est moi qui ferai Léandre; il faudrait répéter cela.

— Bon! dit Edward, nous avons joué cent fois la pièce. Nous ne saurions nous tromper et je réponds de tout.

Frédéric est un bon garçon; quand il vit que cela faisait tant de plaisir à son frère, il s'accorda à sa fantaisie. Ils échangèrent simplement leurs costumes : pendant qu'Edward s'enfarinait, Frédéric endossait le gilet à revers et l'habit de marquis de Léandre. Le rideau se leva et la substitution fut acceptée sans difficulté par le public.

L'heure des soufflets sonna. Pierrot leva le bras, mais avant qu'il eut achevé son geste, Léandre, oubliant son rôle passif, détacha au pauvre Edward une telle claque qu'il l'envoya rouler, les quatre fers en l'air, jusques dans la coulisse.

Pierrot avait oublié de parer.

Frédéric, désolé, courut relever son frère en lui disant : — Je me suis trompé, ça ne compte pas!...

Edward, fluxionné, saignait à plein nez derrière un portant de coulisses. On essayait vainement d'arrêter son hémorrhagie.

Nous étions tous entrés en scène pour faire

oublier son absence, mais une pantomime sans Pierrot n'a pas de raison d'être. Nos cascades n'eurent qu'un succès passager. Nous appelions inutilement Edward qui nous montrait de loin son mouchoir rouge. Il fallut faire une annonce, ce qui est toujours ennuyeux.

Le lendemain, Frédéric, qui avait à cœur de consoler Edward de ce malentendu, lui proposa de recommencer l'épreuve.

— Non, répondit Edward, j'en ai assez.

Au reste, dit George en finissant, il est bon que vous sachiez que ces claques sont en réalité des coups de boxe directs. La ligne droite étant le plus court chemin d'un point à un autre, la lutte y gagne en rapidité. Le soufflet décrit une ligne courbe à peu près parabolique ; aussi ne faut-il l'employer que dans les scènes à nuances. Dans les contrées peu civilisées où l'on n'attache point au soufflet de caractère déshonorant, il serait regardé comme une tape sans conséquence et passerait inaperçu.

L'effet comique s'obtient plus sûrement par le coup de poing qui se détache en ligne droite avec un effet de détente ; il est censé crever les yeux ou briser les dents de l'adversaire. Je tiens pourtant à vous rassurer. C'est à peine si notre main effleure le visage qu'elle semble meurtrir. Elle ne frappe pas, elle caresse. L'important est de répéter, comme l'histoire d'Edward le prouve victorieusement.

Vous avez vu quelle pente impérieuse nous conduisait de la gymnastique à la pantomime. Nous nous décidâmes enfin à les accoupler, à les compléter l'une par l'autre. C'est pendant l'année 1878 que nous avons réalisé en partie nos projets. Nous rêvons une série d'ouvrages où la fantaisie, l'agilité, le vrai réalisme auront une partie commune à jouer. De là un répertoire de pantomimes que vous avez bien voulu analyser avec une telle fidélité — qu'on aura quelque peine à les reconnaître.

J'allais me récrier, quand George ajouta :

— Ce n'est point une critique, mais un éloge que je vous adresse. Nous approuvons de fond en comble vos comptes-rendus et nous réjouissons de leur forme indécise. Il faut bien se garder d'écrire sous ces scénarios *ne varietur*. Varions, au contraire. Qu'il soit bien convenu que la scène se passe dans un lieu vague, à une époque indécise, au sein d'un pays inconnu où l'on s'amuse à charger les pantins de notre civilisation. Caprice et gymnastique mêlés. Ce n'est pas dans une gloire que nous marions Pierrot et Colombine, c'est sur un trapèze, à trente pieds de hauteur, et nous espérons que le public voudra bien accepter ce point de vue.

DEUXIÈME PARTIE

PANTOMIMES
DES FRÈRES HANLON LEES

PANTOMIMES
DES FRÈRES HANLON LEES

Il n'est peut-être pas sans intérêt d'offrir au public, dans ce petit livre qui marque le mouvement tournant des frères Hanlon Lees de la gymnastique vers la pantomime, la rapide analyse des pièces qu'ils ont mises à la scène. Ces pièces sont devenues, avec le temps, sinon plus complètes, du moins plus étudiées.

MM. Hanlon Lees ne voulaient en faire d'abord qu'une sorte de complément à leurs exercices d'agilité. Leur succès les engage à donner plus d'importance à ces fantaisies qui ont fini par devenir le principal attrait de leurs représentations. Ils n'ont pas renoncé pour cela aux sauts périlleux ni aux trajets aériens, mais ils en ont fait l'accessoire et le condiment de leurs fables dramatiques. Le premier venu ne saurait les doubler.

Ils marchent forcément, par une route nouvelle, vers la FÉERIE, vers une féerie prodigieuse que seuls ils peuvent créer.

Les récits qui suivent sont destinés à rendre le plus fidèlement possible l'impression produite par les pantomimes des célèbres gymnastes. Ce sont des canevas qui ne sauraient avoir rien de précis ni d'absolu. Nous laissons à l'imagination du lecteur le soin de les amplifier, de les colorer, de les embellir. Leurs auteurs les conservent dans leur seule mémoire, ce qui leur permet de faire une large part à l'imprévu et aux nouveaux éléments d'attraction qu'ils voudraient plus tard y introduire.

Ils en prennent tout à fait à leur aise. Telle scène a passé d'une pantomime dans une autre, sans difficulté ; — tel ouvrage a changé de titre, suivant le pays où il devait être représenté ; — il ne saurait être question d'exactitude dans un travail qui, quoique répété et convenu, doit beaucoup à l'inspiration du moment. — Sur un geste d'appel, telle cascade jaillit, écume, se précipite et vient animer la scène. C'est à la fois de l'improvisation et de la reproduction.

Cela établi, passons au déluge.

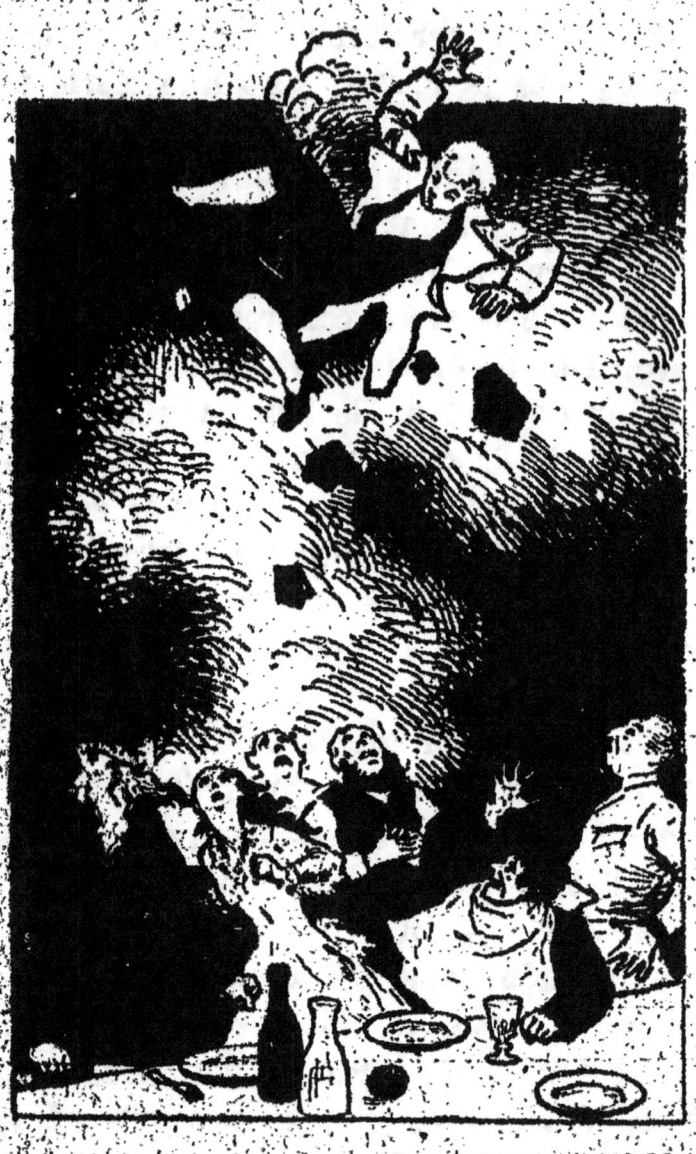

LE FRATER DE VILLAGE

Chose étrange! Dans leur plus ancienne pantomime, dans leur début vraiment dramatique, les Hanlon Lees ont sacrifié à l'amour. Ce coin d'azur où l'œil se repose, au milieu des violences de la mimique et de la gymnastique, leur était apparu à la première heure. On le voit disparaître plus tard dans les déchaînements scéniques auxquels ils se livrent; on dirait que le dieu Cupido a peur de leurs mêlées effervescentes; ses flèches d'or s'émoussent sur leurs vestes pailletées; la chanson de Fortunio est étouffée par le cri de Pierrot. Cela ne peut être qu'une transition. Le jeune dieu rentrera dans l'action dont l'exhubérance se sera calmée, et la note claire que murmurent les amoureux se fera place dans la symphonie des équilibristes.

7

Le *Frater de Village* n'était d'ailleurs qu'un ballon d'essai, une aspiration vers un monde inconnu où les cinq frères devaient plus tard pénétrer. Ils sentaient si bien que leur œuvre était incomplète qu'ils lui donnaient le simple nom d'*excentricité*, titre élastique qui a ses coudées franches.

L'ouvrage a ce fonds d'intrigue connu qui date du paradis terrestre, éternel couteau de Jeannot dont les auteurs de tous les temps s'évertuent à changer la lame et le manche. Un barbier de qualité est épris d'une Colombine que des parents barbares veulent sacrifier et marier à un crésus. Voilà la faute des parents et l'excuse de l'amant, qui perd la tête et ne recule devant rien pour conquérir cette jupe rose. Faisons des vœux pour ce perruquier.

Cassandre et sa famille dînent paisiblement, dans un intérieur honnête, éclairé par les grands yeux de l'héroïne. Au sein de ce calme bourgeois, un orage soudain éclate. Un grand drôle apparaît,—tra la la, tra la la, comme dans le *Barbier de Séville*.— C'est un coiffeur à tous crins, poudré à blanc, ciré à l'œuf, armé d'une savonnette écumante et d'un rasoir extravagant. Personne ne l'a fait demander, mais il arrive.

De quel droit? Du droit imprescriptible de l'amant. Il s'est dit : Comment, ces gens dînent et m'ont refusé leur fille ! Je vais les raser.

Il les rase en effet, avec une foule de circonstances aggravantes ; il les rase jusqu'aux nerfs ; il les rase comme un poète de l'école du bon sens. Tant pis pour ceux qui se tiennent mal ; on leur coupe la tête, quitte à la recoller ensuite avec des pains à cacheter. On oublie un peu d'embrasser Colombine, c'est le *cant* anglais qui veut cela, mais on soufflette les gens de si bon cœur qu'on n'a pas le temps de le regretter. L'intrigue se développe au milieu d'un ensoleillement de gestes frénétiques d'où les giffles et les coups de pied rayonnent comme les étincelles d'un feu tournant. On vide sur la tête des bons parents des baquets d'eau de savon, on les passe à la lessive. Refusez donc votre consentement après cela ! L'aimable Colombine attrape elle-même des claques peu mesurées au bon endroit, mais comme dit Molière, ce sont bagatelles entre gens qui s'aiment, et tout porte à croire qu'elle sera heureuse en ménage.

C'est sur cette trame aimable et facile que nos gymnastes brodèrent leurs premières fantaisies. *Le Frater de Village* composa longtemps tout leur répertoire, et ils en offrent aujourd'hui au public une édition revue, corrigée et considérablement augmentée.

PIERROT MENUISIER

L'idée de la mort paraît avoir préoccupé de tout temps les faiseurs de pantomimes. M. Champfleury, de la manufacture de Sèvres, trouvait des éléments de gaîté philosophique dans le *Dies iræ* et les pompes funèbres. Parlez-moi d'un catafalque pour égayer une situation. Son *Pierrot valet de la mort*, — un titre exquis, — troublait le sommeil des habitués des Funambules. C'est dans cette pièce, ou aux environs, que l'auteur avait imaginé un pique-nique de croque-morts et de nourrices. Les nourrices fournissaient le lait, et les croque-morts la bière. Le public était navré de cette orgie dans un cercueil.

On a dit que les Anglais avaient la plaisanterie lugubre. Pas plus que les autres. Pourquoi le cimetière leur serait-il défendu? L'œu-

vre des Hanlon Lees se place à côté de celle
de Champfleury, et c'est un honneur. Pierrot
est menuisier, il n'y a pas de sot métier ; il
fait des cercueils, de bons cercueils en bois de
chêne et de sapin, avec cette inscription enga-
geante : Je suis capitonné. C'est à donner envie
de déménager pour l'autre monde.

Seulement, la vente ne va pas. Il y a comme
cela des années où l'on ne meurt pas. On
hésite à offrir un cercueil à un ami, à une
maîtresse, à un oncle à héritage ; la bonne intention peut être méconnue. Bref, le public est
rebelle aux séductions de l'étalage de l'artiste.
C'est alors que Pierrot voit passer un monsieur qui a une bonne figure. Il l'aborde, il le
cajole, il est gai, liant, familier, insinuant ; le
monsieur est enchanté de faire sa connais-
sance. Pierrot lui propose une de ses boîtes.
— Non, merci. — Il essaie de le persuader. —
Non, je vous rends grâces. — Ce bourgeois est
entêté en diable ; les raisonnements ne font
que blanchir contre lui. Pierrot, agacé, lui casse
la tête. — Vous voyez bien que vous aviez besoin d'un cercueil ! — Le bourgeois ne répond
pas ; il paraît convaincu ; c'est qu'il est
mort.

On voit alors surgir la pensée profonde que

Théophile Gautier essaya de mettre à la scène dans sa pantomime du *Marchand d'habits:* Un marchand d'habits doué de toutes les vertus est assassiné par Pierrot dans une cave obscure. L'assassin a médité son crime avec une telle habileté, il s'est entouré de précautions si minutieuses, qu'il s'est assuré l'impunité. Rien ne peut l'accuser — RIEN QUE LUI-MÊME! comme dit Poe dans le *Démon de la Perversité...*

Pierrot, jouissant des fruits de sa mauvaise action, voit le remords, un remords obstiné, le suivre et le poursuivre dans les circonstances les plus délicates de la vie. Aux moments les plus solennels comme aux plus ridicules, le spectre de sa victime surgit et pousse un horrible cri : *Rrrrchand d'habits!* qui donne à Pierrot la chair de poule.

Ainsi se dresse, dans la pantomime anglaise, la victime du menuisier, avec ce détail accablant, c'est que le mort, au lieu de se draper dans un linceul, comme le doit décemment un fantôme, est encadré de la boîte que lui, Pierrot, a fabriquée. Cette boîte et ce cadavre marchent ensemble, ce qui est une complication redoutable. Pierrot a beau cribler de giffles et de bourrades ce mort qui se jette à travers sa vie, le mort rit de son impuissance et

pare avec son cercueil. Cela fait : Poum !... sur
le sapin.

Il faut évidemment que cela finisse, d'autant que l'affaire commence à s'ébruiter et
qu'on aperçoit des gendarmes à l'horizon.
Pierrot prend un fusil et s'embusque pour tuer
son mort — ou son remords. Il tire, et frappe un
chat superbe, qui ronronnait sur le toit voisin,
en se chauffant au soleil. Or, ce chat était une
chatte, comme on en pouvait juger par la prodigieuse rotondité de son ventre. On en juge
bien mieux par la pluie de petits chats qui
tombe sur la scène ; c'est une averse de minets. Précisément on manquait de choses à se
jeter à la tête ; les petits chats comblent une
lacune. On se bombarde au moyen de ces inno-
centes bêtes qui ont une singulière façon d'entrer dans la vie...

Au milieu de ce tohu-bohu indescriptible
passe un squelette qui est comme un rappel
de couleur. Couronnant ce faisceau de lignes
brisées, les petits chats tourbillonnent dans les
airs comme des volées d'hirondelles.

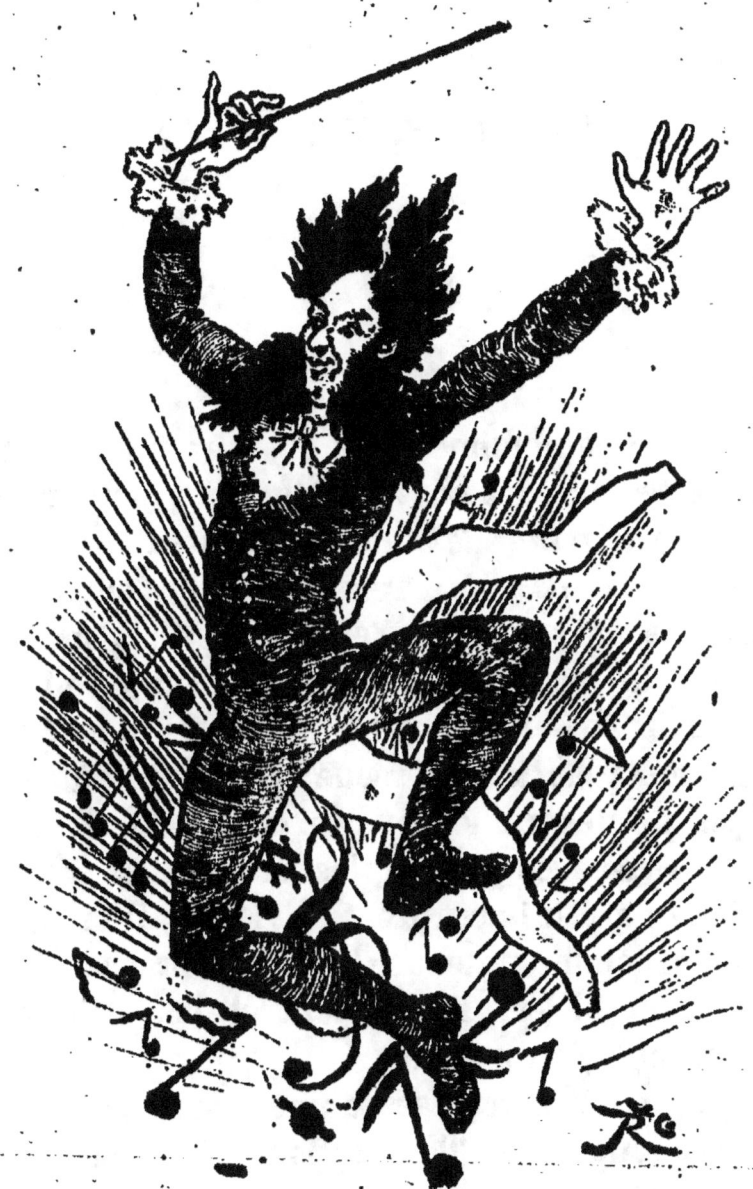

PIERROT TERRIBLE

Cette pantomime porte un titre inquiétant, que ses auteurs ont doublé d'un sous-titre explicatif : *Viande et Farine*. Contentons-nous de *Pierrot terrible*. Terrible doit s'entendre moitié dans le sens d'enfant terrible, moitié dans un sens plus redoutable. On y voit le Pierrot anglais déchaîné au travers des évènements de la vie réelle ; il ne se contente pas de les railler et d'en rire, comme nos Pierrots à face pâle, il les éclaire des étoiles de feu qui lui pourprent le visage ; il les traverse comme un obus, les bat en brèche comme un bélier, les démolit et les effondre, rien qu'en s'y mêlant.

Le théâtre représente une place publique avec tout ce qu'il faut pour s'assommer et pour vivre. A gauche une boulangerie, garnie

7.

de cuves, de hottes, de pelles et de pétrins; à
droite un boucher, avec ses chaînes, ses crocs,
ses scies et ses tranchelards. Au fond, un tailleur à la mode, faiseur de vêtements complets
à des prix dérisoires. Son annonce séduit un
dandy qui passe — et qui n'est habillé qu'à la
mode de la veille.

Ce joli homme tombe mal. Le tailleur est
absent, mais deux Pierrots obséquieux font
les honneurs de sa boutique. Ils s'emparent
du client que le sort leur jette, — donnez-
vous la peine de vous asseoir ! — et tournent
autour de lui comme des lions prêts à le dévorer. Leur premier soin est de le déshabiller
des pieds à la tête...

— Bon Dieu ! seigneur Léandre , quelles
loques portez-vous là ? Quel chapeau , quel
habit, quelle veste ! souffrez que nous jetions
ces ordures au coin de la borne.

— Mais, dit Léandre, vous allez me mettre
tout nu !

— Ça n'y fait rien.

La pudeur de Léandre s'indigne; les Pierrots veulent le ranger à son devoir, et une dé-
gelée de torgnoles et de croquignoles, de
soufflets et de claques fond sur la scène.
Comme chacun en donne et en reçoit une

quantité à peu près égale, la bonne harmonie
se rétablit rapidement.

Il s'agit de prendre mesure à ce client réduit à sa plus simple expression. On n'y épar-
gne rien. On l'aligne, on l'arpente, on l'éva-
lue au cordeau, au sextant, au mètre, à la
canne, au poinçon, à l'épingle, — non sans
l'étrangler, le bousculer, le houspiller et lui
planter des jalons dans les épaules. Il faut souf-
frir pour être beau, et le fait est qu'il finit
par devenir superbe. Voilà Léandre remis à
neuf, pimpant, lustré et calamistré, tout prêt
à voler les cœurs des femmes de bonne volonté. **Prenez garde !**

Jamais on n'a vu d'homme si bien mis. Les
Pierrots sont enchantés de leur ouvrage. Il faut
que cela contribue à la réputation de leur
maître; il est bon de signer les chefs-d'œuvre qu'on produit. Ils vont chercher le cachet
de la maison — un gros cachet — l'appliquent
sur les reins du client et, pour qu'on puisse
l'apercevoir sans difficulté, ils rognent les basques de l'habit de Léandre jusqu'au dessus de
la ceinture. L'annonce alors apparaît dans tout
son jour, comme si on l'avait imprimée sur la
lune.

Tant de besogne a mis les Pierrots en

appétit. Ils songent à déjeûner et entrent chez le boucher voisin. Mais ils répugnent à acheter des têtes de mouton qui éternuent et baissent les yeux; les veaux leur font des déclarations d'amour et tirent des langues de deux aunes. Ajoutez à cela que le boucher est un homme expansif qui gesticule si fort avec son coutelas qu'il taille dans sa clientèle comme dans sa marchandise. Cela déplaît aux Pierrots qui l'enterrent sous ses gigots et ses beefteacks et mettent sa boutique à sac. Ça lui apprendra.

Le boulanger d'en face a meilleure apparence. Cet homme bienveillant leur fait admirer son installation ; ses fours ronflent comme des orgues. Un petit garçon vient acheter un petit pain ; on le met au four sans y songer — pas le pain, le petit garçon, — c'est pure inadvertance, n'y faites pas attention.

Vraiment, voilà des gâteaux qui ont bonne mine. Les Pierrots s'en réjouissent et s'en lèchent les doigts. Ils font un choix heureux parmi ces pâtisseries. Mais, au moment où ils vont y mordre, les gâteaux remuent comme des fromages avancés. O terreur! ces brioches ont des pattes et se sauvent quand on veut les manger. Ces gâteaux marchent et protestent !

Les hannetons en chocolat sont de vrais hannetons, les pavés de pain d'épice de vrais pavés.
N'y a-t-il pas de quoi tout piler, tout massa-
crer, tout mettre en pièces ! On n'a garde d'y
manquer : nouveau cataclysme de miffles et de
morniffles, de coups de main et de coups de
pied ; on se bat sur les fours et même en
dedans... Holà ! dix heures sonnent, — il y
a suspension d'armes, on se dit bonsoir, et l'on
va se coucher.

Toutes les boutiques se ferment ; il ne reste
sur la place que la statue du grand homme de
l'endroit qui s'ennuie à trois francs l'heure,
comme les cochers aux portes des bals de
nuit. Ce n'est pas la faute des Pierrots qui,
hardis comme Don Juan, viennent chercher
la statue et l'invitent à souper. — La statue
s'excuse ; elle a promis de rester sur son pié-
destal ; c'est une statue de parole. Les Pierrots,
mécontents, la tiennent pour une chienne de
statue ; ils lui prennent le cou dans une porte
et la signalent à l'autorité comme un ivrogne
attardé. On emmène la statue au poste, ce qui
est une insulte aux gloires locales, et il est
certain que le maire de la ville ne sera pas
content.

Les Pierrots, ayant fait justice de cet

empêcheur de danser en rond, se décident à coucher à la belle étoile. Mais le trottoir est dur en diable par certaines nuits d'été, quand la rosée ne l'a point encore attendri ; il y a de quoi en devenir bossu. Les deux compères se demandent pourquoi ils n'iraient pas dormir à leur aise dans la maison voisine, où il y a probablement des personnes qui n'occupent pas entièrement leur lit. On n'aurait qu'à se serrer pour leur faire une petite place. Là-dessus, ils montent chez le banquier du second, avec l'arrière-pensée — ils ont tort assurément — de le voler comme dans un bois, s'il leur accorde l'hospitalité. Ils entrent, après avoir crocheté la porte.

Le ciel les protège visiblement. Le banquier dort dans son lit comme un coquin qui a la conscience tranquille. Il a même oublié de fermer son coffre-fort qui regorge de richesses. L'aimable homme ! Il y aurait indélicatesse à troubler son repos. Pierrot s'empare d'un sac, puis d'un autre, puis d'un autre ; cette occupation le charme tellement qu'il ne peut s'arrêter. Il se charge comme un âne, il s'encombre comme une étagère, il se grise de son fardeau. — En as-tu assez ? Jamais ! Il chancelle, il n'en peut plus, le plancher craque sous ses pieds.... Encore un sac, le dernier!.. — Patatras !

Pierrot et les sacs roulent à terre ; le banquier se réveille; on crie, on appelle, on se sauve, on se bat ; c'est un tumulte indescriptible et une suite de poursuites à troubler l'imagination. Dans les farandoles qui circulent on remarque un Arlequin....

Cet Arlequin n'est pas venu pour rien. Il fait un doigt de cour à la femme du banquier, peut-être même la main tout entière; mais madame Colombine le tient à distance. Il rôde autour de sa belle avec un espoir condamnable, lorsqu'on voit rentrer Pierrot, fatigué.

Mon Dieu, qu'il est fatigué!

Il a réfléchi que le lit du banquier était libre, et sans souci de la prudence, il vient s'y coucher largement, voluptueusement, avec l'intention d'y dormir comme un loir. Il en frissonne d'aise, lorsque au moment de se glisser sous les couvertures, il s'aperçoit que le lit est occupé par une jolie femme....

Voleur, mais vertueux, Pierrot recule en frémissant. L'épaule blanche de madame Colombine le scandalise. Il s'éloigne avec une pudeur admirable, non sans remarquer que les jeunes femmes ont le sommeil lourd. Il

se comportera en gentilhomme, mais puisqu'il
respecte Colombine, c'est bien le moins qu'il
la regarde un peu. D'abord elle dort, et ensuite cela ne fera de mal à personne. Pendant
ces belles réflexions il tire la courte-pointe
à lui avec des précautions infinies, et Colombine, qui s'est heureusement couchée en
jupons, se dévoile à son œil ravi comme un
astre qui sort d'un nuage. Pierrot transporté
va présenter ses respects à la dame, quand
elle disparaît dans sa paillasse.

Disons tout. Ce truc employé à point est
l'ouvrage d'Arlequin qui, à ce qu'il paraît, est
au courant des êtres et des machines de la
maison. Quant à l'avantage qu'il peut y avoir à
coucher dans un lit organisé comme une
trappe, c'est un abîme où l'on se perd.

Pierrot secoue les idées anacréontiques qui
l'avaient un instant bercé et se jette dans les
bras de Morphée. Cette fois il est bien seul
dans ce bon lit matelassé; rien ne viendra l'en
débusquer, et pour surcroît de précaution, il
ferme soigneusement toutes les portes.

Le voilà plongé dans une douce somnolence;
c'est l'heure où les rats sortent de leurs trous
et viennent promener sur la courte-pointe des
dormeurs confiants. Ohimé! Pierrot s'éveille

pour se trouver nez à nez avec cette affreuse vermine. Ils sont énormes, ces rats, et d'une effronterie sans pareille. Ils feignent de se sauver, mais pour revenir, arrogants, turbulents, pullulants, jusqu'à ce que Pierrot leur livre une telle bataille que les rongeurs épouvantés lui cèdent définitivement la place.

On ne saurait dormir après tant d'émotions. Pierrot veut lire. La lecture engraisse l'esprit, disait le duc de la Feuillade. Malheureusement le banquier se sert de bougies perfectionnées sujettes à des croissances subites. Pierrot s'en inquiète et veut forcer la chandelle à rester immobile ; c'est toute une affaire, et il se débat contre cette fatalité, quand la situation se dénoue subitement. On met le feu à la maison.

Alors commence le hourvari final des pantomimes qui se portent bien ; ce qu'il passe sur la scène de pompiers, de policemen, de clowns, de bourgeois, de danseuses, de portières en camisole est fantastique. L'une des portières court un grand danger. Lequel, je l'ignore, mais vous pouvez me croire quand je vous le dis. Pierrot — il n'y en a plus qu'un, où est l'autre ? — Pierrot, dis-je, n'est pas dépourvu de bons sentiments. Le danger de la vieille le touche jusqu'aux larmes ; il se précipite sur elle, l'enlève, la prend, la roule, l'arrache aux flammes et l'envoie plonger la tête la première, dans la grosse caisse de l'orchestre. Cet acte généreux le transfigure, et il monte au ciel, resplendissant, dans un nimbe d'étincelles.

DO MI SOL DO

Il est bon de rentrer en soi-même de temps
en temps et de réfléchir au néant des vanités
humaines. Le trapèze n'a qu'une forme. Il y a
des études de philosophie transcendante qui
ne sont pas sans utilité. Pourquoi ne pas veil-
ler sur les hauteurs à l'heure où les signaux
s'allument? Balzac s'est épuisé dans la recherche de l'absolu, les frères Hanlon Lees égal-
lement. Je ne dis pas qu'ils l'aient trouvé. On
fait ce qu'on peut. L'important est de tendre
en haut et de se débarrasser du prosaïsme
de la vie, sans être traduit en police correc-
tionnelle. C'est sous l'empire de ces tendances
que les cinq gymnastes ont écrit *Do mi sol do*.

Avant d'aller plus loin, qu'il n'y ait aucun
malentendu entre le public et nous. L'œuvre
dont nous allons essayer d'étudier la portée

humanitaire est le point de départ de MM. Hanlon Lees vers la pantomime sociale. Ils en ac-
ceptent la responsabilité. C'est gratuitement
qu'on a supposé que l'auteur des *Niebelungen*
avait été leur inspirateur dans la perpétration
de ce drame. Si l'on a cru reconnaître cet
illustre musicien dans le héros de l'ouvrage,
ce n'est pas que cela soit indiqué, c'est un
simple effet de la force naturelle des choses.

La toile se lève sur la rivalité des écoles mys-
tique et synthétique de l'harmonie sidérale et
de la mélodie universelle. L'une note la ronde
des astres, l'autre le chant du grillon. Nous
prions nos lecteurs de nous suivre avec
attention. Ce n'est pas pour notre plaisir que
nous leur racontons ces choses-là ; ils peuvent
bien à leur tour s'ennuyer un peu à les lire.

La scène se passe dans un milieu indéfini
occupant un point indécis d'u ı espace sans
bornes, mais qui néanmoins st chauffé et
éclairé au gaz. Sans cela il n'y aurait point de
pièce. Des maestri (pluriel de maestro, tout le
monde ne sait pas l'italien) se disputent la pré-
séance et sont en face les uns des autres, l'ar-
chet à la main. Ils s'en heurtent mutuellement
la tête à petits coups secs, comme des chefs
d'orchestre en train de dépêcher une ouverture.

Ce tapotement a des crescendos dangereux. La tête la plus dure l'emporte. Le grand Machin, dont le crâne est de granit, — vous savez bien qui je veux dire, — lance un coup de poing « d'orgue » qui disperse ses adversaires comme des feuilles d'automne balayées par les vents.

Il est splendide, ce maestro vainqueur, et je comprends qu'on l'ait fait maire de son endroit, là-bas, derrière Munich. Il dépasse de cent coudées Rosellen et Henri Bohlmann-Sauzeau, c'est du moins mon opinion. Vous le voyez d'ici, ce Titan rasé de frais, moitié burgrave, moitié marchand de marrons, étalant sur sa large poitrine plus de fer-blanteries honorifiques que n'en porta jamais mon ami Alexandre Dumas.

Dans le groupe qui l'entoure on distingue de nobles vaincus, — R******, le cygne de Pesaro, créateur de la musique macaronique, qu'il est bon de relever de gruyère et de parmesan ; — A****, le père aux bagatelles, qui s'est si longtemps conservé, malgré le Conservatoire ; — O********, le maître des flons-flons, aimé des dieux de l'Olympe ; — G*****, ce cœur d'or, qui croit que c'est arrivé, avec la foi de Polyeucte. J'en passe.

La symphonie éclate par un coup de foudre, comme une floraison d'aloès. Puis un grésillement de triples croches, de soufflets, de tapes et de claques, de poussées et de torgnoles, de coups de souliers à toutes les portes, de horions à assommer un bœuf. N'allez pas vous en émouvoir ; c'est une façon comme une autre d'entrer en matière, de donner le *la*. Là! Si vous n'en voulez pas, n'en dégoûtez pas les autres. On s'arrête, on se salue, on se brosse, et ceux qui ont survécu à cette première tourmente tournent la page et lèvent le bras.

Le père d'*Iseult*—ne nommons personne!— est à son pupitre et dirige la symphonie. Il ne s'agit plus d'imprimer les clous de ses bottes au bas des reins de ses amis, mais de nager dans le bleu. Le bleu nous submerge. O puissance de l'art! Tous ces râcleurs, tous ces souffleurs, tous ces tapeurs révoltés se courbent sous le geste du maître ; sa suprématie s'impose, sa grandeur les écrase, et ce n'est qu'avec timidité qu'ils lui arrachent les basques de son habit. Protestation puérile et qui ne va pas à la ceinture !

Cependant les exécutants sont lentement séduits par les sublimités de cet oratorio qui

les remue jusqu'à la moelle des os. Je vous en
dirais bien le titre, car on m'intimide diffici-
lement, mais ma chère langue française n'a
pas assez de consonnes pour cela. Qu'il vous
suffise de savoir que c'est une Genèse méta-
physique dans laquelle le monde, l'univers,
l'infini matériel et immatériel, le grand Tout
et le bon Dieu sont accommodés à toutes les
herbes de la Saint-Jean.

L'Allemagne se réjouit et s'enorgueillit de
la vastitude de ces conceptions qui nous
dépassent. Elle m'a toujours étonné en cela.
Vous souvenez-vous de ce chapitre du Faust
de Gœthe où l'on voit se personnifier *la formation des idées* et où tout le monde tremble
jusques dans son for intérieur au souffle qui
annonce : LES MÈRES !

Il n'y a qu'à jeter son dictionnaire après cela.
On se dit : c'est le sommet, c'est le pina-
cle, c'est l'angle supérieur de la pyramide,
c'est la pointe de diamant du paratonnerre, on
ne saurait aller plus loin; que diable pourra-t-
il nous dire au chapitre suivant?...

O gens de peu de nez! vous allez le savoir.
Au chapitre suivant, Méphisto valse avec une
jeune sorcière qui vomit des souris rouges,
et il lui adresse de telles galanteries qu'on ne

saurait chez nous les écrire que sur les murs.
Cela prouve qu'il n'est pas de colonnes d'Hercule pour le génie.

Cependant la symphonie fait son petit bonhomme de chemin. Le maestro ondule comme
le houblon au souffle de la brise; il est doux,
puissant et inénarrable. Quand un nuage
obscurcit son front, c'est qu'il passe machinalement la main sur le derrière de sa
culotte, et qu'il regrette ses pans d'habit
enlevés, comme Mignon regrettait le ciel. Il
est à la fois grand comme le monde et troublé
comme un homme qui a trop mangé de melon;
à ses contorsions inouies, on se demande
s'il aspire à l'idéal ou s'il a besoin de sortir.
Son orchestre, qu'il tient dans sa main, est
plein de nuances exquises. Il y a des pianissimos qu'on n'entend pas du tout, tant ils sont
suaves, et des crescendos dont la note culminante est donnée par un chemin de fer dont
la locomotive fait explosion.

Les musiciens se sauvent sous une pluie de
feu. Mais le maître ne bouge pas. Une idée se
développe et s'épanouit dans les lobes de son
cerveau; il rêve une œuvre où entreront les
rugissements de la tempête, l'éruption d'un
volcan et les secousses d'un tremblement de

terre. Les canons Krupp n'y seront admis que comme clarinettes.

Reposons-nous un instant sur un solo de violon exécuté par un amateur avec un talent incontestable. On y prendrait le plus grand plaisir si le violon n'était pas chargé ; mais il part comme un revolver au moment où l'on s'y attend le moins, ce qui trouble le doigté de l'artiste. Il s'arrête, il s'étonne, d'où peut venir cela ? C'est le *fa* qui était trop bas d'un dièze, on le remonte, le violon part encore ; on le baisse, le violon part plus que jamais. Il est dégoûtant, ce violon, et par représailles on fait de ses pareils une épouvantable boucherie. Bah ! il en restera toujours assez.

Pendant cet intermède le grand compositeur, l'armateur du *Vaisseau Fantôme* — vous avez beau faire, je ne le nommerai pas — s'est absorbé en lui-même et passe par toutes les angoisses de l'enfantement. Le feu divin le consume. Il invente, il produit, il se complaît dans sa création. On le voit, tantôt majestueux comme le Jupiter Tonnant, tantôt langoureux comme un chat qui boit de la crême. On veut l'arracher à son labeur, impossible ! Ses musiciens y perdent leur musique. C'est en vain qu'ils lui cassent les bras et les jambes

8

et qu'ils brisent les meubles sur sa tête. La sérénité de l'artiste n'en est pas troublée. Vous pouvez lui planter des aiguilles dans le corps et lui rompre des carafes sur l'occiput; il n'appartient plus à la terre. Arrière, Philistins! On s'acharne inutilement après lui; on le bouscule, on le pile, on le broie, on l'exécute, et après? Il n'en perd ni une note, ni une mesure. Les cordes et les cabestans, les attaques et les violences échouent devant son impassibilité. Il suit son âme qui le guide comme un météore, sans ouïr les clameurs barbares, et il sort, calme, immuable, rayonnant, marchant à pas sonores dans son rêve étoilé.

Messieurs, saluons cet homme. Je commence à croire que cette pantomime est un symbole profond et grandiose; — c'est le combat éternel des forces aveugles contre l'intelligence humaine, c'est la lutte de la matière contre l'esprit vainqueur.

LES CASCADES DU DIABLE

Voilà un beau titre de pantomime et qui en dit plus qu'il n'est gros. A quoi ne doit-on pas s'attendre? On nage en pleine féerie, et la féerie est le champ préféré de nos gymnastes. Ils en font tout naturellement,— et dès que le diable s'en mêle, tout est permis.

Il ne faut aucun art dans le compte rendu de ces *Cascades*, qui ne sont autres que celles de Saint-Cloud. La pièce s'appelle « *Les Cascades* » pour ce simple motif, d'ailleurs suffisant. L'action se passe, en effet, sur les bords de la Seine, dans la grande allée qui borde la rivière et qui retentit de bruits de fête. Des fumées grasses et odorantes vous prennent aux narines ; vos oreilles sont frappées de sons discordants. Les cascades dont il s'agit sont évidemment celles qui tombent en nappes argentées des murs du château, éclairées de feux de Bengale.

Que fait le Diable dans tout cela ? Il remplit son rôle le plus catholiquement du monde. C'est toujours le bon compagnon que vous savez, doux, serviable, empressé, bâtisseur de ponts et d'églises, à qui l'on fait banqueroute sans scrupule. Toujours prêt à indiquer les meilleurs fruits aux couples amoureux égarés à la campagne, rompant la monotonie de la vie bourgeoise par mille tentations savoureuses, conduisant au but suprême par des chemins fleuris, et nous donnant le paradis en ce monde à défaut de l'autre. Pourquoi médire des intentions de ce grand calomnié ? Que demande-t-il, après tout ? Que nous lui tenions bonne et fidèle compagnie, après comme avant, dans un enfer bien chauffé, dont les portes nous sont grandes ouvertes. Est-ce donc vouloir du mal aux gens que de les retenir près de soi ? Bonne âme !

Donc, le Diable cause avec quelques damnés dont il trouve la physionomie soucieuse ; sa sollicitude va jusqu'à craindre qu'ils ne s'ennuient. C'est précisément ce qui leur arrive, hélas ! La brûlure même ne les distrait plus.

Ils bâillent à se décrocher la mâchoire. Satan en est tout attendri.

— Mes petits enfants, dit-il, je vois que vous mourez d'envie de faire l'école buissonnière ; eh bien ! ce n'est pas impossible. Approchez, Colombine, Arlequin, Pierrot, Léandre, Cassandre, Madame la comtesse de Pimbesche. Voyez si aucun archange ne nous écoute. Je vous donne campos pour toute la sainte journée. Voici la clé des champs ; courez, amusez-vous, faites les cent dix-neuf coups ; qu'on sente un peu que c'est l'enfer qui passe. Je vais me mettre à la fenêtre et voir un peu comment vous vous conduirez. Allez, mes agneaux, soyez gentils, et méfiez-vous des reporters.

— Nous serons gentils, dit Pierrot, mais où irons-nous ?

— Cela vous regarde, dit le Diable, je n'ai pas de conseil à vous donner. Pourtant, je sens d'ici un coin du département de Seine-et-Oise qui pue la friture. Il faut qu'il y ait foire à Saint-Cloud.

CRI GÉNÉRAL

A Saint-Cloud! A Saint-Cloud!

Voilà tout bonnement comment se passe

8.

raient les choses dans un prologue de revue de fin d'année. Que dis-je ? Elles se sont déjà passées ainsi cent fois, car le Diable est coutumier du fait. — Libres, mes drôles et mes drôlesses dévallent à la grille du parc, au bas de la ville, et se précipitent dans l'allée aux lampions, avec l'intention de s'amuser comme des bossus.

Ils n'y manquent pas. Toutefois ils n'ont plus la main aux choses d'ici-bas et commettent des maladresses regrettables : s'ils jouent aux quilles, ils envoient la boule dans les jambes des passants ; s'ils tirent à l'arbalète, leur flèche va se planter dans le dos d'un monsieur qui s'émeut de ce procédé. Ils courent au monsieur, se confondent en excuses et lui enlèvent la flèche ; mais comme le monsieur ne s'apaise pas, ils la lui replantent dans le derrière et s'en vont, mécontents.

Ils se divertissent à jouer à la toupie hollandaise ; ainsi que les fins joueurs, ils attirent la corde avec une telle vivacité qu'ils renversent les curieux qui sont derrière eux. Au jeu des tourniquets, ils cassent les porcelaines ; aux pains d'épices, ils se donnent des indigestions ; aux gaufres, ils s'asseoient dans les terrines de pâte, rebondissent sur le fourneau, et se sauvent avec une gaufre gigantesque absolument mal placée; ils prennent les mirlitons pour des bâtons de sucre de pomme et les bâtons de sucre de pomme pour des mirlitons; ils s'embarquent sur les chevaux tournants qu'ils font aller un train d'enfer; ils détraquent la balance irréprochable; ils pulvérisent la tête de Turc; ils .ruinent les marchands de macarons, et au jeu du massacre, ils massacrent tout, excepté les poupées sur lesquelles on doit tirer, et pour lesquelles ils sont pris d'une grande affection, car le Diable, leur ami, figure dans la galerie.

Cependant la police a eu vent des méfaits de ces trouble-fêtes; on les surveille. Ils comprennent l'utilité de mettre un peu d'eau dans leur vin, et défilent comme des gens raisonnables pour aller voir les baraques de curiosités. On dirait un pensionnat de demoiselles.

Toutes les séductions sont réunies au Grand Carré, depuis les tripes à la mode de Caen jusqu'aux danses réglées par Markowski. Léandre et Colombine entrent au bal pour y étudier le pas de la chatte amoureuse. Les Pierrots sont pour le solide et vont rendre visite à la femme colosse, dont le mollet à un mètre de tour. C'est assurément une belle femme et qui pèse son poids. Elle fait aux spectateurs la politesse de se déshabiller, histoire de leur prouver qu'elle n'est pas en coton. Les Pierrots se pâment d'aise et demandent à toucher, ce qui leur vaut une paire de gifles dont ils ne se vanteront pas dans l'autre monde.

Cela les calme ; ils s'amendent, et nous les retrouvons au tir aux pigeons, bien résolus à ne tirer que dans la cible. Mais leur déveine veut qu'une bonne femme passe devant le noir juste au moment où la carabine fait feu.

En fin de compte, la petite troupe est dispersée par ses mésaventures. Les Pierrots intimidés sont déterminés à bien vivre avec le public, quand deux mannequins placés à la porte d'une boutique leur cherchent querelle. C'est avoir du malheur. Ils entrent à la ménagerie et ont des mots avec l'éléphant qui les enlève à trompe tendue ; cela les désoblige, et comme on annonce le feu d'artifice et que l'enfer les a blasés à ce sujet, ils quittent la foire sans la regretter.

Il faut pourtant employer le reste de la journée : Que peut-on faire de mieux que d'aller voir vacciner des enfants dans un établissement modèle ? Cette distraction n'a rien

de commun. On pourrait également se poser
des sangsues, mais ils préfèrent la vaccine; il
ne faut pas disputer des goûts. Il y a là une
dizaine de bébés qui crient comme trente
mille hommes. On ne les apaise qu'avec un
biberon gigantesque qu'ils tarissent complètement. Les Pierrots sont enchantés de ce
spectacle, et rentrent à l'hôtel chercher leur
valise dont ils tirent plus d'effets que n'en
contiendraient dix voitures de déménagement.
Après quoi, comme ils ont besoin de prendre
l'air, ils grimpent sur des réverbères.

Il en résulte des incidents fâcheux. L'allu-
meur de gaz leur fait des remontrances; forts
de leur bon droit, ils lui crachent dessus. Il
apporte son échelle pour les débusquer; ils la
font disparaître. Passe alors une chaise à
porteurs; ils s'en emparent. Pierrot s'y place
et s'y prélasse, mais la chaise se défonce, et le
voilà forcé de courir aussi vite que les porteurs.
Enfin il a l'idée de s'y établir en chien de fusil,
comme un ramoneur dans sa cheminée, ce qui
est très commode. Mais si vous croyez qu'il va
rester tranquille, vous vous trompez. Arrivent
des gens qui jouent à se casser des planches
sur la tête. Pierrot veut en être; il tape si fort,
que la maison d'en face est prise du *delirium*

tremens et tombe en poussière. O joie! O péripétie inattendue! Que retrouve-t-on dans la maison écroulée? Arlequin et Colombine qu'on cherchait partout et qui répétaient le pas de Markowski.

Tout à coup le théâtre s'éclaire pour une apothéose: Le diable paraît dans une gloire et bénit ses amis à grands coups de fourche. Tous les damnés rentrent en enfer, à l'exception de la comtesse de Pimbesche qu'on jette à la tête des spectateurs et qui finit par monter au Paradis.

LE DENTISTE

On rit de tout, même du mal aux dents. Toutefois, dans cette pantomime du *Dentiste* qui raille si joyeusement une des plus cruelles infirmités humaines, les Hanlon Lees n'ont été que les metteurs en scène de notre ami Touchatout du *Tintamarre* et de Coquelin Cadet de la Comédie française, — deux rieurs qui ne reculent jamais.

Il y a, dans le pays mystérieux où nous avons tous vécu en rêve, une boutique ouverte à tous venants. Un dentiste épris de son art, un bourreau affable, un tortureur bienveillant, y a établi ses lares. De gigantesques rateliers décorent son étalage, baillant et mâchant à vide, sauf quand la tête de Pierrot s'égare par inadvertance entre leurs mâchoires. Mais c'est un détail et Pierrot n'y revient pas souvent.

L'heure de la consultation a sonné; un défilé de patients plus hideux les uns que les autres vient se ranger devant la maison du dentiste. Ce sont des abcès prodigieux et des fluxions formidables. Pierrot, qui n'est point le valet de son maître, mais son apprenti, a la charge d'expédier le petit public, le menu fretin, les consultations gratuites. En effet, il apparaît, drapé dans sa dignité, et regarde les malades d'un air magistral. Il leur applique aussitôt une méthode de guérison expéditive et rationnelle. Les fluxionnés reçoivent un soufflet tellement violent que leur fluxion crève comme une frêle vessie ; ceux qui souffrent d'un abcès n'ont droit qu'à un simple coup de poing, mais si bien asséné qu'il répercute l'abcès de la mâchoire dans les talons. Accessoirement on arrache les dents des personnes qui le souhaitent avec des tenailles monstres, ce qui n'a rien de désagréable pour les assistants, sauf un bruit de ferraille auquel on finit par s'habituer.

Un malade exceptionnel se présente, un malade trié sur le volet, dont la tête informe témoigne de souffrances inouïes et de complications pathologiques déplorables. Ce malade inspire le respect ; comment peut-il survivre à de pareilles douleurs ? Il en devient invraisemblable.

Ce masque qui n'a rien d'humain est celui d'un poltron révolté qui a usé de toutes les eaux dentifrices, de toutes les recettes infaillibles contre le mal aux dents, avant d'avoir recours au « baume d'acier. » Il vient de se décider à la suite d'une crise suprême, et se précipite vers la sonnette du dentiste comme un ouragan.

Mais, au moment d'y porter les doigts, il recule, il hésite ; nous assistons à la lutte de la souffrance et de la peur. Cela est épouvantablement vrai. Le mal finit par l'emporter et le malade sonne à tour de bras.

Pierrot arrive ; il trouve qu'on a sonné trop fort, et essaie de guérir ce visiteur pressé par ses claques ordinaires. Ce système ne réussit pas avec tout le monde. Devant ce cas extraordinaire et persistant, l'apprenti cède la place au maître, à l'artiste, au chirurgien émérite qui entre en scène avec une incomparable majesté.

Cet homme vraiment merveilleux s'empare du patient, prend ses mesures et ses distances, étudie la mâchoire endommagée avec un télescope et déclare le cas grave, très grave, extrêmement grave. Il essaie d'extirper la dent

9

malsaine, mais les tenailles ne font que la caresser et la clé anglaise y perd ses crocs.

Cette dent tient outrageusement. Six hommes s'y attellent sans succès ; un âne ne parvient pas seulement à l'ébranler ; on l'attaque avec des instruments formidables ; on la soulève inutilement avec une grue, car le malade suit le mouvement. Le dentiste consulte ses auteurs et ne voit que la poudre qui puisse avoir raison de ce chicot obstiné.

Eureka ! L'artiste bondit ; il a trouvé ! Cette dent forcenée cédera à son génie. Il la fait attacher à un obus qu'un mortier lance dans les airs. La dent est entraînée par le projectile. Joie et reconnaissance du patient qui embrasse le dentiste sous une pluie de légumes.

Une pluie de légumes ! Et pourquoi ? Voilà bien mes gens qui veulent tout savoir ! Il faut être raisonnable, pourtant. On ne peut pas toujours finir par un incendie ou un tremblement de terre. La pluie de légumes n'est pas commune, et j'estime que d'honnêtes gens peuvent s'en contenter.

LE DUEL

Le *Duel* est une étude réaliste prise sur le vif
et vue à travers le verre grossissant de la pantomime. On sait très bien comment ces choses-
là commencent. Un monsieur du balcon laisse
tomber sa lorgnette dans le corsage de votre
femme et prétend la repêcher lui-même. Ou
bien on vous soutient que Racine a fait des
vers superbes et l'on vous cite ce passage de
sa meilleure tragédie, — reproches d'un
amant désespéré à sa maîtresse :

Ah!... que vos yeux sur moi se sont bien exercés!
Qu'ils m'ont vendu bien cher les pleurs qu'ils ont versés
De combien de remords m'ont-ils rendu la proie!
Je souffre tous les maux que j'ai faits devant Troie.
Vaincu, chargé de fers, de regrets consumé,
Brûlé de plus de feux que je n'en allumai,
Tant de soins, tant de pleurs, tant d'ardeurs inquiètes....
Hélas! fus-je jamais si cruel que vous l'êtes?

Vous demeurez stupéfait, et vous répliquez
qu'il y a sans doute confusion, qu'on mêle
mal à propos Racine et le marquis de Bièvre,
qu'on ne fait pas des maux à moins qu'on ne
fasse des mots, et que les feux dont on brûle
ne ressemblent aucunement à ceux qu'on
allume, que ces calembours sont déplacés
dans la bouche d'un Buste dont la vraie
gloire est d'avoir écrit les *Plaideurs* qui ne
sont pas de lui. Vous voyez avec quelle
rapidité la querelle s'envenime. On en arrive
à citer des vers d'*Athalie* — je m'y attendais !
— De là aux giffles, il n'y a qu'un pas. Pan !
voilà qui est fait. Or, les giffles ne se lavent
que dans le sang, et l'on se rend sur le pré
pour procéder à ce blanchissage.

L'usage est de prendre rendez-vous de très
bonne heure dans une clairière pittoresque
entourée de grands arbres. Depuis la secousse
de la veille les têtes se sont calmées. Pourtant,
il faut y aller. On a mal dormi, ou l'on n'a pas
dormi du tout. La première fois on fait son
testament. Vos amis arrivent avec une ponc-
tualité extrême, avec une exactitude d'exécu-
teurs. On s'habille, on sort. L'aube est fraîche
et sereine ; vos compagnons sont silencieux ;
on descend dans l'herbe chargée de rosée ; les

petits oiseaux chantent; les flacres s'éloignent;
on songe à ceux qui vous suivront peut-être le
surlendemain, quand vous serez dans une boîte;
cette boîte est bête. On ne se fait pas à l'idée
de voir s'arrêter sa propre pendule, c'est ennuyeux. Les témoins se saluent : Messieurs,
nous sommes à vos ordres.

Les mimes anglais ont mis deux poltrons
en scène. On voit leur pâleur, on voit leur
venette. Leur bonne contenance couvre un
tremblement qui se communique jusqu'aux
basques de leur habit. Ils y vont comme des
chiens qu'on fouette. Mais le point d'honneur commande ; d'ailleurs, on ne sera
peut-être que blessé, et cela fait très bien,
un bras en écharpe.

Les témoins sont là, graves, réservés, à la
hauteur des circonstances ; ils ont eu soin de
se munir d'un médecin qui étale une trousse
d'instruments variés, perçants, tranchants,
contondants. Ils sont charmés de ce qui se
passe ; cela va les poser dans le monde; ils
feront un procès-verbal et verront leurs noms
imprimés dans les journaux. Quels récits ils
en feront le soir, au café, entre un bock et
une soupe au fromage !

On place les adversaires en face l'un de

l'autre, sur un terrain souple, résistant, ne glissant pas sous le pied. Les armes sont d'un bon endroit et ont été essayées ; le soleil est également ménagé aux duellistes ; la scène se compose admirablement, — sauf peut-être une pierre tombale sur laquelle on lit : *Ci-gît un homme tué en duel.* Cela a quelque chose de morose ; il aurait mieux valu aller un peu plus loin. Les témoins ne l'ont pas assez compris.

Le combat commence, combat inénarrable dont les Hanlon Lees font tout un poème. La terreur des deux adversaires fait explosion et prend des proportions épiques. Ils en arrivent à une entente tacite, à une intuition surnaturelle de la situation. Puisque seuls ils sont armés, ils n'ont qu'à frapper sur les autres. Ainsi font-ils. Les coups d'épée qu'ils jettent au vent s'égarent sur leurs seconds ; leurs balles atteignent tout ce qui les entoure, à la seule exception d'eux - mêmes. Les témoins affolés essaient de fuir cet orage, mais comment et par où ? Cette forêt est sans issue. Ils escaladent les ormes et les chênes et disparaissent dans les airs devant les coups d'estoc des tigres qu'ils ont déchaînés.

Quand ces êtres féroces ont tout massacré

autour d'eux, jusqu'à leurs chapeaux qui ne
leur disaient rien, on voit surgir le bau-
drier jaune d'un magistrat paternel. Un gendarme imposant s'avance, poli, sévère, in-
flexible, représentant le principe d'autorité
dans son acception pratique. Hélas! les loups
qu'il veut museler foulent aux pieds les lois
divines et humaines et s'arment contre lui. Ce
n'est pas seulement une pluie, mais une averse,
une grêle, une trombe de claques formidables
et de flamboiements d'acier sous laquelle tout
le monde serait anéanti, sans l'arrivée d'une
troupe de moissonneurs qui vient en recevoir
la meilleure part. Pourquoi ces moissonneurs?
Parce que.

Ce sont des moissonneurs de transition.

L'heure sonne, d'ailleurs, où le *Deus ex
machina* va dénouer l'action. Il apparaît sous
la forme d'un bœuf qui semble être une trans-
formation mythique du gendarme. La bête
saute en scène pour dévorer Pierrot, ou du
moins pour l'encorner.

Ne vous y trompez pas, c'est l'agrandissement
du premier duel, c'est la lutte de Jacob et de
l'ange. Qui l'emportera, de Polichinelle ou du
Diable, de Pierrot ou du bœuf Apis? Le tau-
reau divin se précipite; il enlève l'homme

d'un coup de tête ; le ciel s'ouvre ; Pierrot
y jaillit comme une fusée et tombe dans
les bras de Henri IV et de Napoléon qui se
promenaient aux Champs-Elysées. — C'est un
des plus beaux dénouements que j'aie vus au
théâtre.

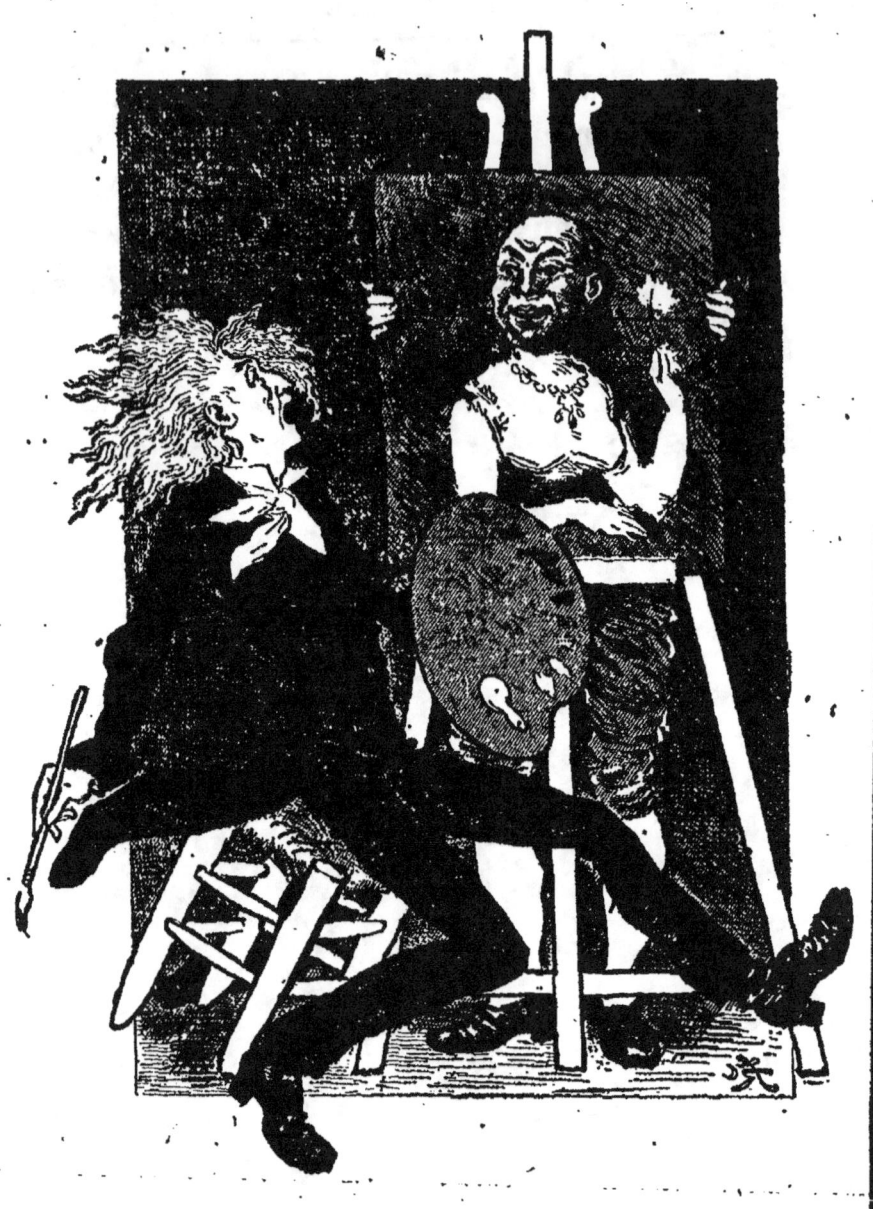

SINGES ET BAIGNEUSES

Quelle aimable antithèse! A côté de l'orang-outang dont vous prévoyez l'effet comique, vous savez que vous reposerez vos yeux sur des tailles rondes, de blanches épaules et des jambes élégantes. Toutes les séductions sont réunies dans ce titre séduisant auquel il est impossible de résister.

Qui dirait qu'on peut s'attendrir à cette parade? C'est pourtant la vérité. On y voit passer une vieille femme qui n'a pas de chance. Non, vraiment, elle n'en a pas. S'il tombe un pot de fleurs, c'est sur sa tête; si la terre tremble, c'est sous ses pieds; qu'il pleuve des soufflets, elle est sous la gouttière; qu'un coup de pied s'égare, elle l'arrête au passage, et notez qu'elle ne le fait pas exprès et qu'on n'y met aucune méchanceté. Au

contraire. Cette bonne vieille va à ses affaires
et ne s'occupe de personne. C'est par pure
déveine qu'elle se trouve là au moment où
des orages de calottes crèvent et où des gi-
boulées de taloches enveloppent la situation.
On ne saurait porter une poutre sans lui en
cogner la tête, ni une broche sans la lui passer
dans le ventre. Sans mauvaise intention. Il y
a des gens à qui rien ne réussit.

Pour commencer, car il faut bien que l'on
commence, Pierrot, comme Narcisse, va se
promener au bord de la rivière. Il s'amuse à
considérer un pêcheur à la ligne, qui n'est
qu'un simple polisson. Au lieu de tirer de l'eau
des goujons et des éperlans, comme la plupart
de ses confrères, il ramène au bout de sa ficelle
de vieilles savates, de petits chats crevés et
des discours de réception à l'Académie française, car la scène se passe sur le pont des Arts.
Pierrot trouve ce pêcheur obscène et constate
entre lui et M. Emile Zola je ne sais quelle
ressemblance qui l'engage à le flanquer à l'eau.
« Nage, mon ami! » Mais le pêcheur réclame;
il jure qu'il n'a point fait *Nana*, et Pierrot
se hâte de lui envoyer un crampon de sauvetage. Hélas! le pêcheur est lourd et Pierrot est
léger. Ni l'un ni l'autre ne veulent lâcher

la corde, et Pierrot pique une tête sous un bateau - mouche. Deux hommes à la mer! Survient le bon tuteur Pandolphe, qui ne peut se résoudre à voir périr ces bonshommes sans leur porter secours. Nouveau crampon, nouveau tirage, nouveau naufrage. Heureusement Léandre intervient et se jette à son tour dans la Seine pour demander à Pandolphe la main de Colombine. Les voilà tous quatre grouillant dans la rivière comme des mouches dans un saladier de vin de la Boule-Noire; s'ils se noient, que deviendra la comédie?

Cette réflexion les décide à sortir de l'eau; ils se secouent comme des chiens mouillés, déclarant qu'ils ne se sont noyés que pour rire. La préfecture de la Seine, aux fenêtres du pavillon de Flore, accueille avec plaisir ce coup de théâtre.

A la scène suivante, et même plus longtemps après, nous retrouvons les acteurs qui nous ont tant inquiétés assis dans des réverbères. Pourquoi? Vous êtes bien curieux. Ils sont assis dans des réverbères, voilà tout ce que j'en sais. Peut-être ont-ils voulu imiter l'excellent ivrogne que Rabelais nous montre en oraison dans une lanterne :

O Dieu ! père paterne
Qui muas l'eau en vin,
Fais de mon nez lanterne
Pour luire à mon voisin.

Paroles si bénignes et si délectables qu'elles nous ont fait estimer ce très digne buveur à l'égal des saints arrivés au dernier degré de la perfection. Quoi de plus généreux, de plus désintéressé, de plus magnanime que de se vouer à éclairer ses semblables, — ce qui s'expliquerait par l'inflammation du nez de l'ivrogne, si ce mot n'était remplacé par un vocable plus énergique dans l'œuvre du curé de Meudon.

Enfin, nous ne pouvons demeurer sous ces réverbères. Supposons que nos pendards s'y soient remisés pour sécher au grand air, et passons. Nous ferons d'autant mieux de passer que nous n'avons vu jusqu'à présent ni singes ni baigneuses, et qu'il faut que le titre de la pièce se justifie bien ou mal.

— Ah ! les voilà ! Elles arrivent, les belles petites, court-vêtues comme il convient à leur état, avec des épaules de neige, des jambes moulées et tout ce qui s'ensuit et tout ce qui précède... Messieurs, je vous prie de vous tenir tranquilles. Je suis obligé de vous dire cela, parce que c'est dans la pièce, mais vous n'avez que faire de piétiner en le lisant.

Donc, ce sont des ronds de jambes, et des jetés-battus, et des entrechats, et des jupes qui s'envolent comme des ballons, et des perspectives les plus gracieuses du monde. Les nageuses poussent de petits cris en se retenant à la perche ; les unes tirent leur coupe, les autres font la planche, mais quelle planche, mon Dieu !... Encore une fois, messieurs, je vous engage à la réserve.

Ces jeunes imprudentes ont oublié que c'était le jour de sortie des singes du Jardin des Plantes. Les singes arrivent, après avoir fait quelques affaires de Bourse ; offrent des bouquets à ces demoiselles, mais comme ils ne sont pas plus raisonnables que vous, lecteurs, ils effraient les naïades qui fuient de tous côtés. Les singes volent sur leurs traces en leur récitant des vers mythologiques.

Comme tout doit s'enchaîner dans une action dramatique, on apporte alors un enfant dont on n'a jamais entendu parler, mais qui excite immédiatement le plus tendre intérêt. Il dit *papa* et *maman* comme un phoque, et fait des risettes comme mon petit-fils Jacques qui aura six mois tout à l'heure. Ce prodige est entouré de soins et d'amour, et nous ne nous expliquons pas pourquoi on le jette à l'eau comme un paquet de linge sale. C'est sans doute un effet voulu. En effet, tout le reste de la pièce s'emploie à sauver cet infortuné. Pierrot, qui l'a noyé, fait des miracles d'héroïsme à ce sujet; les parents désolés passent à travers les murs, effondrent le vitrage des serres, escaladent les cheminées, voltigent dans l'espace et ramènent les Chambres de Versailles à Paris, ce qui permet de retrouver l'enfant dans un wagon de première classe.

Aussitôt tout se calme, comme par enchantement, — et dans la malheureuse vieille qui reparaît avec un cabas et qui s'élève dans une nuée lumineuse, on reconnaît Notre-Dame de la Salette.

UNE SOIRÉE EN HABIT NOIR

Il est certaines convenances qu'il faut garder dans la bonne compagnie. Les Hanlon Lees
l'ont parfaitement compris, et en transportant
leur pantomime au faubourg Saint-Germain,
ils ont adopté la tenue et les manières du
meilleur monde. Ils sont affreusement bien
gantés. Le vidame de P. et la petite baronne,
qui assistaient à cette photographie des mœurs
aristocratiques, étaient dans l'enchantement,
et répétaient le mot de Richelieu sur Poin-
sinet :

— Ce faquin a dû écouter aux portes !

Quoi qu'il en soit, le théâtre représente un
salon du plus haut goût, meublé à la dernière
mode, peuplé d'habits en sifflets et de livrées
éclatantes ; les pianos y ont des queues et les
robes des femmes aussi. Les plus grands noms

sont annoncés par les introducteurs; on n'y coudoie que sportsmen, illustrations, grandes dames et artistes bien pensants.

Tout le monde est fraîchement décoré, comme l'appartement.

Deux messieurs arrivent, conduisant deux dames extrêmement distinguées. Ciel! qu'elles sont distinguées! Elles en craquent. Les cavaliers s'empressent d'offrir un fauteuil à ces belles personnes ; ils s'empressent tellement que ce fauteuil, voltigeant de droite et de gauche, est toujours absent quand elles veulent s'asseoir, ce qui produit des culbutes imprévues, mais agréables, car les dames ont de jolies jambes. Ne regardez pas, si vous en avez peur.

La foule remplit les appartements. C'est le moment psychologique de renverser quelques plateaux de rafraîchissements sur la tête des invités. Mais les domestiques sont si respectueux, si bien stylés, ils s'excusent si poliment qu'on leur en sait presque gré.

Tout le monde, pourtant, n'a pas la même douceur de caractère. Je m'étonne du procédé d'un jeune diplomate qui fait la cour à une petite dame exquise et marquise jusqu'au bout des ongles. Elle se récrie coquettement sur un madrigal un peu vif que s'est permis le monsieur. Celui-ci, vexé, lui sangle une giffle à tour de bras. Quand il la voit à terre, il comprend qu'il a été trop loin. Il la relève, s'excuse gracieusement, et ils continuent en souriant une conversation si bien commencée.

C'est alors qu'arrive Litz, traînant un sabre d'honneur. Il ne va guères dans le monde, mais il n'a pas osé refuser l'invitation de MM. Hanlon Lees chez qui il espère rencontrer Thérésa. On se presse autour de lui, et il plaque quelques accords sur les dames qui sont à sa portée.

Son succès est partagé par un peintre de l'école nihiliste, qui vient de remplacer, comme on sait, l'école impressionniste. Aussi ce peintre traite-t-il les impressionnistes de Turc à Maure. Ce sont, d'après lui, des perruques, des carcasses, des faiseurs de tartines de confitures indigestes. Il explique les procédés de la nouvelle école qui est la seule! l'unique! la vraie! et allez vous faire fiche, si vous n'êtes pas content...

On expose des toiles sur lesquelles il n'y a rien, RIEN, RIEN qu'une teinte vaporeuse bleue, grise ou jaune, selon le *fond* de l'émotion qu'on veut communiquer à la foule. C'est à elle à faire le reste et à imaginer un tableau à sa fantaisie, sur la note que le peintre a donnée. Les musiciens font-ils donc autre chose? Ils vous jouent une symphonie dans laquelle vous voyez à volonté une bataille, une marine, un paysage ou une séance de la Chambre des députés. Pourquoi les peintres seraient-ils plus bêtes que les musiciens? Le public, devenu forcément votre collaborateur, vous porte aux nues. Il se pâme devant votre teinte de fond. Là où il n'y a rien il y a tout. Et le génie consiste à donner à cette teinte-mère une telle suavité qu'on ne puisse rêver que des chefs-d'œuvre dessus.

Un peu de silence, je vous prie. On va faire de la musique. L'émulation des artistes est telle que le piano en souffre beaucoup. On ne se dégage qu'en distribuant des claques à droite et à gauche, sans distinction de sexe ni de rang ; on peut pardonner quelque chose à des personnes bien élevées dont les nerfs sont agacés. Toutefois, je n'approuve pas qu'on donne des coups de pied aux dames, même quand elles sont en posture de les recevoir. Il n'y a là aucune chevalerie. Je m'en rapporte à M. Legouvé qui a dit:

Tombe aux pieds de ce sexe à qui tu dois ta mère!

Au lieu de tomber à ses pieds, on lui tombe

dessus, ce qui est dépasser le conseil du poète, surtout en public. Si j'avais des bals à donner, je modifierais ce programme. Je n'y admettrais les coups de pied aux dames que parcimonieusement, comme un sacrifice au goût du jour, et encore je crois qu'il vaudrait mieux s'en abstenir.

Revient le peintre nihiliste qui chante un air de Lucien Poujade, le compositeur en vogue. Il y déploie un tel brio qu'en dépit de sa voix de jeton, les femmes en avalent leur éventail et les domestiques leurs plateaux. Ces bons serviteurs défaillent sur les genoux des douairières; l'émotion générale est telle qu'on ne s'en aperçoit pas. Deux adorables jeunes filles se lèvent pour exécuter un concerto à quatre mains; le piano ne va pas; c'est qu'un monsieur est tombé dedans; les jeunes filles veulent l'en retirer, et plongent à leur tour dans la boîte jusqu'aux genoux, la tête en bas, ce qui est peu convenable. Le piano rend des sons discordants; que s'y passe-t-il? Litz se précipite à travers la mêlée et passe son sabre à travers la table d'harmonie. Une plainte délicieuse s'en exale, c'est le chant du cygne. Chacun donne une giffle à son voisin et se met en place pour valser.

Applaudissons à cette valse de bon ton où les couples tournoyants soubresautent comme les vagues d'une mer orageuse. Sauter par dessus sa danseuse n'est qu'un jeu, l'enlever à bras tendu n'est qu'une bagatelle, disparaître avec elle dans le trou du souffleur est une simple galanterie. On ne se donne pas tant de mouvement sans qu'il en résulte quelque accident; les dames perdent leurs jupons et leurs corsets; on les met dans le piano, ils se retrouveront toujours. En vérité, cela se fait partout. On sait qu'au dernier bal de l'ambassade il y avait tant de corsets accrochés aux lustres que les femmes ne savaient où retrouver celui qu'elles avaient égaré. La bonne princesse M***, ne la désignons pas plus clairement, eut pour sa part un corset ouaté, et tout le monde sait qu'elle n'en a pas besoin.

Cependant le peintre se dispose à portraicturer une dame; que peut-on faire de mieux à l'heure du cotillon? Craignant de ne point attraper la ressemblance, il crève sa toile et y fait une place à la tête de son modèle. Mais on ne peut passer sa vie dans une toile percée. La dame se fait remplacer par un domestique de confiance qui tire la langue à l'artiste au

moment où celui-ci lui pose des touches
d'ombre sur la figure.

Alors paraît un papillon bleu, image de la
poésie éternelle qui plane au-dessus des
misères humaines. Il est doux et charmant,
ce papillon bleu; il décrit dans ce milieu
nerveux et tumultueux des cercles pleins de
vertiges. Hélas ! mal inspiré, il se pose sur le
nez du tableau que le peintre caresse, et
celui-ci l'écrase d'un tel coup de poing qu'il
tue l'infortuné valet.

Cette catastrophe jette un froid dans l'assemblée, et l'on propose de jouer à Colin-Maillard
pour égayer la situation.

C'est l'usage dans les raouts les plus distin-
gués, quand semblable accident arrive; entre
nous le Colin-Maillard vaut bien le whist. Rien
n'est plus moral, à condition qu'on ne sai-
sisse pas les dames au-dessous de la ceinture
pour les « deviner ». Ces détails sont un peu
négligés dans la pièce des frères Hanlon Lees.
On y pratique le Colin-Maillard avec une
telle effervescence qu'on met l'appartement et
l'ameublement en pièces. Glaces, rideaux,
lustres, chaises, fauteuils, tout cela est broyé
par la joie folle des invités; la maison en
tremble jusque dans ses fondements.

Une pareille soirée coûte cher, mais au moins on peut dire qu'on s'y est amusé, et par le temps qui court, c'est quelque chose.

LES QUATRE PIPELETTES

Ceci est une pantomime de sortie, que les frères Hanlon Lees s'étaient engagés à créer aux Folies-Bergère avant d'entrer au théâtre des Variétés. Elle a fait plusieurs emprunts à ses aînées et n'a pas au même degré le caractère d'originalité qui distingue leurs précédentes créations.

Quatre portières — nous dirons concierges une autre fois — ont conservé les grandes traditions du cordon et du bavardage. Ces dames viennent prendre l'air au seuil de leurs portes, échangent des nouvelles et passent rapidement des cancans aux querelles. Comme elles se peignent et se troussent à grands coups de balais, on entend venir le garde-champêtre.

Ce garde-champêtre est majestueux. Tout

s'apaise à sa vue, comme par enchantement. On le comble de politesses ; il recommande le savoir-vivre à ses administrées et tourne les talons.

C'est le signal de la reprise des hostilités. La bataille recommence avec une telle fureur qu'il ne resterait sur place que les coiffes et les savates des vieilles entre-dévorées, si un jeune chasseur n'intervenait avec l'à-propos de l'officier de la *Dame Blanche* :

Chez vous, mes bons amis, ne puis-je pas loger ?

Comment donc ! Un locataire ! C'est qu'il est très bien, ce jeune homme ! Son arrivée sauve la vie à des serins et à des pots de fleurs réduits à l'état de projectiles. C'est une providence que ce joli garçon. Et bien mis ! Un costume de chasse tout neuf acheté au *Bœuf qui se corsète*, rue de Rivoli. J'espère que cette réclame est bien amenée.

Quelle aubaine ! On entoure l'inconnu, on le choie, on le cajole, on se l'arrache ; on voit luire dans sa main blanche un denier à Dieu tout jaune, et pour qu'il puisse mieux juger de l'agrément des appartements qu'on lui offre, on l'y lance à toute volée à travers les fenêtres. Quelles luronnes que ces portières !

Quelle poigne! On en ferait des préfets. Le chasseur qui sert de volant dans cette partie de raquettes, y perd ses bottes, ses armes et la plupart de ses habits. Il ne peut pourtant pas loger dans quatre chambres à la fois; c'est ce qu'il explique à ces dames, en voltigeant. Bref il devient la conquête de la pipelette la plus acharnée,

Portière tout entière à sa proie attachée!

Le chasseur, dont ces débats ont aigri le caractère, s'installe dans son nouveau logement, et pour se remettre l'esprit lit les derniers assassinats du *Petit Parisien*.

J'avais prévu que cela lui arriverait! Au récit des atrocités de la semaine ce doux et paisible garçon, désarmé devant de vieilles femmes, rêve une revanche basse et tortueuse. N'osant se mesurer avec leurs balais redoutables, il s'en prend à leurs matous.

Ils sont pourtant superbes, ces minets à longs poils et à yeux de phosphore ; l'un d'eux vient faire des avances au jeune homme; il grimpe sur ses épaules en filant son rouet et se frotte familièrement à ses oreilles. Je voudrais bien qu'on m'en fît autant, même une dame. Mais ce chasseur n'a pas pour un

liard de savoir-vivre ; il se prend de querelle
avec la bonne bête et veut lui « flanquer » un
coup de fusil.

Le chat, qui a reçu de l'éducation, s'étonne
de ce procédé et lève la queue pour protester.
Cette discussion attire ses camarades, aussi
indignés que lui. Ils le font comprendre à leur
ennemi en passant gravement leur patte sur
leur nez. Signe de pluie. Le chasseur, con-
trarié de ce changement de temps, tire
sur cette légion de matous et les réduit en
poussière.

Malheur ! l'odeur du sang a grisé l'assassin ; la pièce tourne à la tragédie ; il y   à
des scènes que Crébillon signerait. Les quatre
portières, accourues aux cris de leurs angoras,
sont tuées à bout portant. L'enragé chasseur
massacre par la même occasion les notaires
des maisons voisines et quelques huissiers.
L'auteur a senti le besoin de diminuer l'hor-
reur que son héros inspire. Mais il est lancé
dans une voie fatale, et aveuglé par Jupiter qui
veut le perdre.

On le perd en effet de vue, car le décor
change et laisse voir un paysage mélanco-
lique traversé par une rivière dont l'aspect
sentimental rappelle les bords du Lignon.

C'est peut-être le Lignon. Ici se place une des réminiscences que nous avons signalées tout à l'heure, une grande scène de noyade déjà connue. On se noie si bien, on se sauve si mal que cette fantaisie aquatique pousse à des accès de folle gaîté. Il n'est sorte de choses qu'on ne retire de l'eau, excepté des poissons. Il y a là des sauveteurs pleins de dévouement, que la fée Guignon a touché de sa baguette. Quand ils jettent à un naufragé une bouée, c'est pour l'assommer; une corde, c'est pour l'étrangler; un croc, c'est pour le déchirer. Un bon vieux homme, qui a l'air de sortir d'un mélodrame de Pixérécourt, côté de la vertu, arrive pourtant à se tirer d'affaire. Il émerge de l'eau, s'accroche au rocher, atteint le rivage, et va s'écrier : *Sauvé, mon Dieu!* quand on lui vide sur la tête une brouette d'immondices qui le renoie à jamais.

Les frères Hanlon Lees sont très bons. Comme ils ont vu que je m'attendrissais sur ce pauvre bonhomme, ils m'ont promis de le ressusciter à la reprise de la pièce et de le faire nommer député au Reichtag.

LE VOYAGE EN SUISSE

L'année de l'Exposition de 1878, les Hanlon Lees tenaient la tête du répertoire des Folies-Bergère, — et des spectateurs arrivés des cinq parties du monde venaient rendre aux célèbres gymnastes les visites qu'ils en avaient reçues. Ils marquèrent au nombre des curiosités du temps.

Deux spirituels écrivains, MM. Blum et Toché, chargés de la revue de fin d'année du théâtre des Variétés, mirent en scène les frères Hanlon Lees, imités par des acteurs de mérite qui s'approprièrent leurs gestes, leur allure et pour deux sous de leur agilité.

Les mimes anglais furent profondément touchés de cette contrefaçon amiable. De son côté, le théâtre des Variétés, voyant le succès obtenu par ses copies, eut l'idée bien naturelle

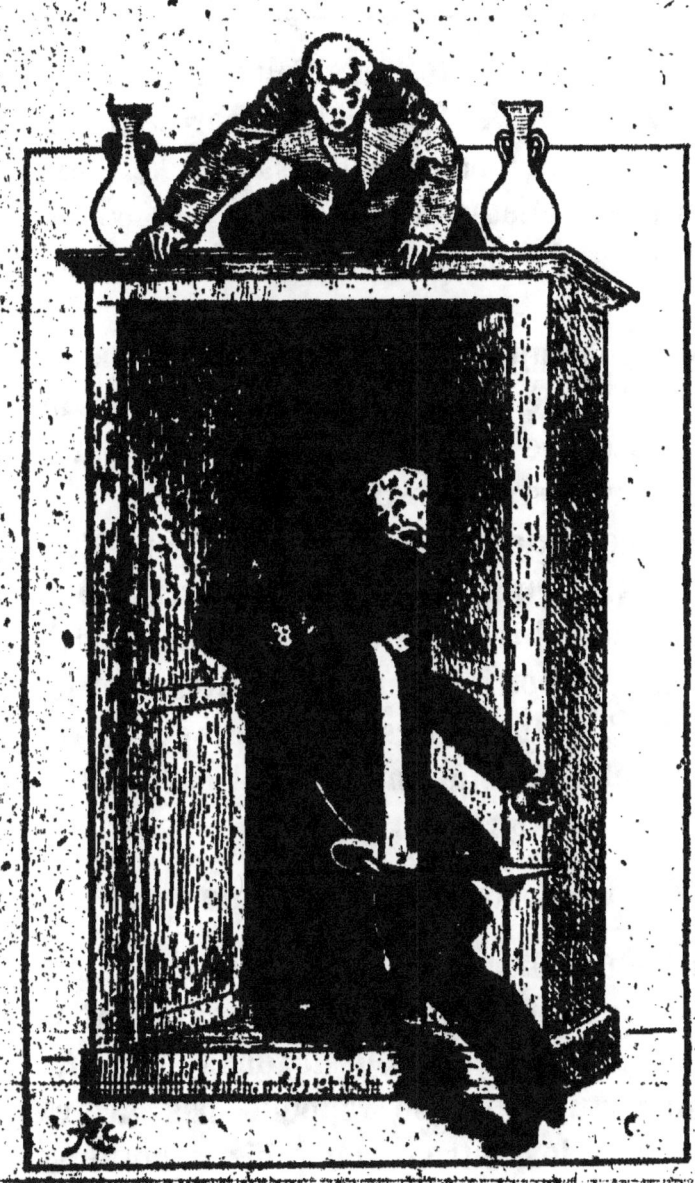

de les remplacer par les originaux. C'est ainsi que le *Voyage en Suisse* fut représenté et que MM. Hanlon Lees virent associer à leurs exercices des artistes intelligents et des comédiens pleins de bonne grâce et de bonne volonté.

Maintenant, supposer que je vais écrire l'analyse de cette pièce folâtre, quand je puis la couper toute vive dans le feuilleton d'un poète, serait la dernière des absurdités.

Je sais bien que le poète ne sera peut-être pas content et qu'il me jettera son écritoire à la tête quand je lui avouerai mon audace, mais ce baptême ne peut que m'être salutaire, et je me résigne à cette aspersion de vers ailés et de rimes riches à l'état embryonnaire. Il m'en restera peut-être quelque chose.

Voici ce que M. de Banville raconte :

« Les Hanlon Lees, en jouant la comédie, vous donnent cette impression délicieuse d'une chose d'art parfaitement réussie, dans le plein, impression qu'on ne se rappelle pas avoir éprouvée plus de quatre ou cinq fois, quand on est arrivé à la fin de sa vie : Deburau, Dorval, Frédérick-Lemaître, Rachel, l'Alboni, ceux qui nous l'ont donnée au théâtre se comptent vite!

Certes, ce sont de grands inventeurs, mais c'est surtout par l'absolue justesse de l'exécution qu'ils nous remplissent de joie. Une des scènes les plus excellentes du *Voyage en Suisse* est celle où, ayant volé sa gourde d'eau-de-vie à un gentilhomme qui la réclame et qui les inspecte avec un soin jaloux, les deux valets pierrots se jettent l'un à l'autre cette gourde sous l'œil même de son propriétaire, avec tant d'agilité et de précision qu'il est physiquement impossible qu'il voie leur mouvement.

Ces gestes, qui si harmonieusement et si nettement se répondent, vous communiquent le même bien-être voluptueux que vous donnent les rappels de couleur de Delacroix : un bleu, qui d'un bout à l'autre du tableau se reproduit, quand l'âme en a soif! Mieux encore, ce sont les éblouissantes et sonores rimes d'or de Hugo, s'envolant comme un couple d'oiseaux fulgurants à travers le ciel. Et qu'ils sont jolis ces Hanlon Lees, les pierrots surtout! Leurs têtes blanches sont douces, ingénieusement spirituelles, débordées d'amour, car aucun artiste ne saurait me faire plaisir, si je ne sens pas qu'il m'aime ! Ils ressemblent à de jeunes Faunes sculptés par un moderne Coysevox , moitié animaux, moitié dieux taillés dans le marbre, qui viennent de boire la vie : il leur en est resté à la bouche deux gouttes sanglantes et roses, et ce sont ces gouttes-là qui forment leurs lèvres.

La belle entrée en scène ! Un énorme omnibus, chargé de bagages et de gentlemen, arrive, conduit par deux domestiques pâles, et tout à coup, patatras ! lourdement, brutalement, par un écroulement net et farouche, voiture, cheval, gentlemen, cocher, malles anglaises, tout cela s'abat en un tas informe et vertigineux, d'où sortent les deux pierrots, dispos comme des fillettes de quinze ans qui s'éveillent, et assoiffés comme Pantagruel. D'ailleurs, tout le long de la comédie, vous remarquerez cela qu'ils ont toujours soif et toujours sommeil, et que c'est en étant altérés comme des templiers et ivres de fatigue comme des facteurs ruraux, qu'ils se lancent dans des sauts et des bonds éperdus : image fidèle de la vie où on est toujours si las qu'un être vraiment sage, à n'importe quelle heure, boirait un verre de ce qu'il aime et s'endormirait. Mais les dieux ne l'ont pas permis, parce qu'alors la vie eût été aussi charmante que la mort !

Oui, les Hanlon Lees nous donnent une par-

faite image de la vie, mais surtout ils ont pour
occupation et pour mission de nous représenter cette chose naturelle et divine : le Rêve.
C'est tout à fait comme dans un rêve, c'est-à-
dire beaucoup mieux que dans la réalité, que
l'omnibus se jette par terre avec une exactitude qui exclut toute terreur, car aussitôt nous
avons reçu cette notion que toutes les choses
réputées impossibles sont devenues possibles.
Affranchis de la pesanteur, des obstacles, des
temps, des lieux et de tout ce qui gêne et
dompte l'infirmité humaine, on sent que les
Hanlon Lees accomplissent leur fonction et
agissent en vertu de lois inéluctables, lorsqu'ils
passent à travers des corps solides, s'envolent
comme des hirondelles, tombent comme la
pluie, s'étendent comme l'acier sous le lami-
noir, et, ce qui nous semblerait insoutenable, ce
serait qu'à l'acte du sleeping-cart ils ne fussent
pas dans tous les wagons à la fois, et ne pas-
sassent pas à travers les plafonds, cloisons et
dossiers capitonnés, comme des muscades qui
dansent et se multiplient sous les doigts vertigineux de l'escamoteur ! Comme dans le
rêve, à force d'intensité et de décision, leurs
actes sont mille fois plus réels que la réalité,
et surtout n'admettent aucune objection.

Lorsque le plafond fait explosion, brisé par e picrate, et que les deux pierrots tombent en plein couvert, au milieu d'une table de douze personnes assemblées pour un festin, rien ne semble plus naturel ; et il semble naturel aussi, forcé, inévitable, que leur maître étant tombé, ils le relèvent avec assez d'empressement pour l'asseoir dans la soupière, au milieu de la soupe fumante! Y a-t-il vraiment des festins où le maître ne tombe pas et où ses valets pâles, en le relevant, ne l'asseoient pas dans la soupe ? Remis d'une alarme aussi chaude, le bourgeois veut raconter une histoire; à la seconde ligne, le gentleman, son voisin, que cela ennuie, se met à jongler avec deux œufs, puis avec trois, puis avec les trois œufs et son couteau, puis avec les trois œufs, son couteau et son assiette. Obéissant à l'instinct d'imitation qui est notre vie même, ses voisins font comme lui, et bientôt tous les objets qui garnissent la table, devenus les billes d'une jonglerie sans commencement ni fin, montent, descendent, remontent, habitent dans le vide, obscurcissent l'air, pareils à un flot dont le flux et le reflux chasse les vagues ivres de délire et d'amour.

Cependant les Hanlon Lees font comme les

couteaux et les assiettes ; eux aussi ils s'élancent, bondissent, voltigent, fendent l'air, flottent comme des plumes caressées et baisées par le zéphyr, et les voir immobiles et tranquilles nous semblerait aussi absurde que si on nous montrait une plume assise dans son fauteuil et lisant le journal. Ce n'est pas qu'il leur soit impossible de représenter les actes les plus vulgaires de la vie ; au contraire, leur scène d'ivresse est la seule vraie que nous ayons vue au théâtre ; mais ils se grisent avec tant de logique et avec une succession si exacte et complète de tous les développements et de toutes les nuances de l'ivresse, que le rêve seul peut ainsi ne rien oublier et ne rien omettre, la vie terrestre étant, comme on le sait, pleine de tpous, de sous-entendus et d'ellipses.

Pour encadrer ces odes silencieuses, MM. Blum et Toché ont eu l'art et le bonheur de trouver une comédie folle, éperdue, écrite dans nne prose qui fait le saut périlleux et le saut de carpe, et mêlée de couplets dont les spirituelles rimes carillonnent comme une mêlée de grelots déchaînés dans le vent furieux.

FIN

TABLE DES MATIÈRES

DEUXIÈME PARTIE :

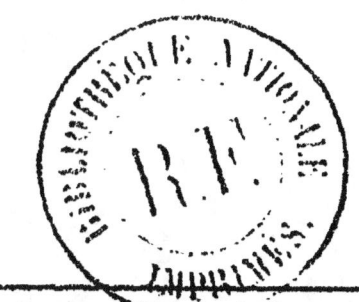

PARIS. — IMPRIMERIE DE LA PUBLICITÉ, 13, RUE D'ENGHIEN.
REVERCHON ET VOLLET.

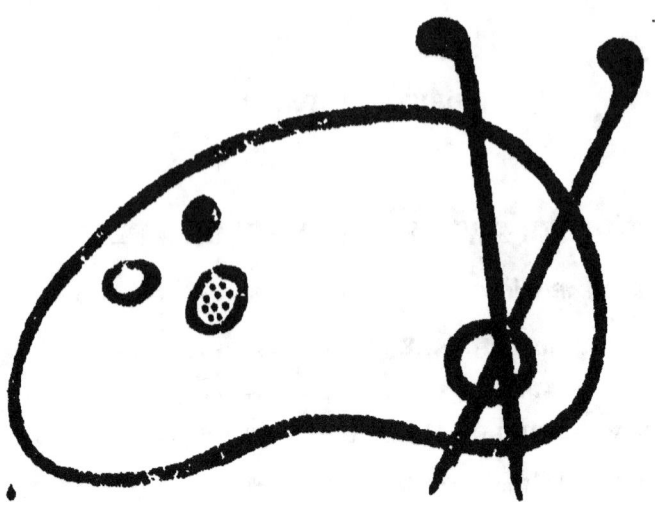

Original en couleur

NF Z 43-120-6

www.ingramcontent.com/pod-product-compliance
Lightning Source LLC
Chambersburg PA
CBHW071536220526
45469CB00003B/799